LO QUE TODO MATRIMONIO DEBE SABER

DR. HAROLD J. SALA

LO QUE TODO MATRIMONIO DEBE SABER

DR. HAROLD J. SALA

EDITORIAL PATMOS

Lo que todo matrimonio debe saber

Publicado por Editorial Patmos, Miami, FL 33169

Las citas bíblicas se toman de la Nueva Versión Internacional, © 1999 por la Sociedad Bíblica Internacional, a menos que se especifique con abreviatura alguna otra versión:

RVR60 - Reina Valera Revisión de 1960
DHH - Dios Habla Hoy
LBLA - La Biblia de las Américas
BLS - Biblia en Lenguaje Sencillo
NTV - Nueva Traducción Viviente

Traducido por David Gomero y Yaíma Gutiérrez
Capa diseñada por Luiz Felipe Kessler

ISBN 13: 9781588027146
Categoría: Familia/Vida Cristiana

Impreso en Brasil
Printed in Brazil

CONTENIDO

ALGUNAS PALABRAS DESDE EL CORAZÓN DEL AUTOR

Como resultado de los programas radiales y televisivos del ministerio Guidelines [Pautas para vivir] durante casi cinco décadas, miles de personas alrededor del mundo han abierto sus corazones y nos han confiado sus problemas personales y secretos íntimos en cartas, conferencias (incluyendo las realizadas en Cuba) y durante la consejería en privado, en busca de consejo y orientación. Cada vez que digo: "Creo que deberías...", al dar respuesta a preguntas o algún consejo, siento una gran responsabilidad porque sé que el consejo que doy en ocasiones es recibido como "una voz del cielo".

El sabio que escribió el libro de Proverbios dijo: "*Más confiable es el amigo que hiere que el enemigo que besa*" (Pr. 27:6). Realmente él está diciendo: "Si alguien realmente te ama, te dirá la verdad, ¡aunque puede que te duela!". Es por eso que aquí obtendrás respuestas directas a las preguntas que he acumulado a lo largo de un período de muchos años.

He respondido de manera que quedará protegida la identidad de los que han hecho las preguntas, y me apresuro a decir que hay decenas de variaciones de las mismas preguntas, lo cual me dice año tras año que luchamos con los mismos problemas; sin embargo, tengo que decir que hace una generación atrás, cuando comenzamos a enseñar y a ministrar, la vida era mucho más sencilla y los desafíos que enfrentaban nuestros hijos no eran tan aprensivos como lo son hoy. Las cosas se están volviendo cada vez más difíciles.

Francamente, los cambios además han impactado a la familia como unidad, lo cual se traduce en menos respeto por los ancianos, más promiscuidad sexual entre adolescentes, mayor infidelidad en nuestros matrimonios, y más desintegración moral y espiritual, la cual ha acompañado al debilitamiento de la familia.

No presento ninguna disculpa para sostener que los eternos principios de la Biblia son tan válidos hoy en día como lo eran cuando Dios habló por medio de hombres santos hace muchísimo tiempo. La realidad es que Quien nos creó nos conoce mucho más que nosotros mismos, y a pesar de cuán lejos algunos científicos sociales nos quieran llevar alegando que debemos deshacernos de las restricciones sociales del compromiso monógamo, yo sigo recurriendo al hecho que lo que Dios dice no se puede perfeccionar. Él te creó para tu felicidad y realización, y cuando entendemos Su propósito para nuestra vida y matrimonio, encontramos lo que estábamos buscando, pero que no sabíamos cómo hallar.

¡Gracias por el privilegio de dar respuesta a sus preguntas! Las he intercalado con breves declaraciones que les darán recomendaciones adicionales sobre los muchos temas tratados.

Harold J. Sala

Capítulo 1
PREGUNTAS SOBRE EL MATRIMONIO

1. ¿Qué ves como el plan de Dios para tu matrimonio?
Esta es una pregunta muy adecuada para comenzar. Volvamos a lo básico. En el principio Dios vio que el hombre estaba solo, y a pesar de lo que Él había creado, faltaba algo importante, algo que sólo podía encontrarse por medio de una relación con otra persona. Es por eso que Dios creó una compañera para Adán, alguien distinta a él, aunque igual a la vez.

Dios tomó una costilla del costado de Adán para que ambos pudieran andar juntos de la mano; de debajo de su brazo para que la protegiera, y de cerca de su corazón para que la amara, como observara hace mucho tiempo Matthew Henry. Quisiera que te dieras cuenta de que Dios no tomó un hueso del pie de Adán, para que no la atropellara ni la dominara.

El plan de Dios era que cada uno fuese una persona única, pero que ambos llegaran a ser una sola carne en el matrimonio. Además es importante que reconozcamos que Dios dijo que el hombre (lo cual también se aplica a la mujer) debía dejar a su padre y a su madre, y unirse a su esposa de manera que los dos llegasen a ser un solo ser (o un solo cuerpo; de hecho, la Biblia utiliza esta expresión cinco veces). Esto habla de la intimidad, la cercanía y la singularidad que existe en este misterio del matrimonio.

El Nuevo Testamento utiliza la analogía del matrimonio para ayudarnos a entender la relación de Cristo con la Iglesia, Su Cuerpo.

¡Esto es a la vez asombroso y misterioso! De todas las relaciones que tenemos en la vida, ninguna es más personal, más íntima ni más significativa que la del esposo y la esposa.

La palabra sexo viene del vocablo latino *secare*, que significa 'dividir'. Esas diferencias sexuales entre hombres y mujeres no son el resultado de la evolución, de la cultura, ni de los diseños de hombres egoístas que quieren mantener a sus mujeres "descalzas, preñadas y en la cocina", sino se deben a la manera en que vinimos de la mesa de dibujo del cielo. Dios nos diseñó para que los hombres y las mujeres desempeñaran roles singularmente diferentes. Él creó ambos sexos de tal forma que cada uno realiza ciertas cosas muy bien, y al cumplir con estas responsabilidades es capaz de satisfacer las necesidades de su cónyuge.

Cada uno tiene lo que el otro necesita, y esas necesidades jamás pueden ser plenamente satisfechas si uno está separado del otro, lo cual significa que en el matrimonio no existe la independencia. Todo lo que ocurre entre tú y tu cónyuge influye en él.

En el principio Dios nos mostró que Su plan consiste en que el hombre tenga una esposa y le sea fiel, la ame, le muestre respeto y afecto; y que en esta relación se engendren hijos que crezcan en un hogar y aprendan a distinguir entre el bien y el mal mediante el ejemplo de sus padres.

Dios habría tenido un cruel sentido del humor si nos hubiese creado, sabiendo que tanto los esposos como las esposas tienen distintas formas de pensar, que provienen de diferentes trasfondos, familias y a veces hasta de diferentes culturas, todo lo cual puede generar conflictos, sin brindarnos además las herramientas para resolver esos conflictos.

Algo más, debes también recordar que Dios es un buen Dios, no es un cruel policía cósmico, ni un débil e incapaz anciano del tiempo, ni alguien a quien le gustaría ayudarte, pero está demasiado ocupado o está demasiado lejos. Él es el Padre amoroso que se interesa por tus necesidades, y sufre por el dolor que estás pasando y que puede destrozar tu hogar.

Él detesta los hogares destruidos, los matrimonios y votos deshechos, los corazones quebrantados, y Él permanece dispuesto a ayudarte a descubrir Su plan y propósito para tu matrimonio. Recuerda, cuando sabes que el matrimonio es un plan de Dios, no una ocurrencia a última hora ni algo que agregó al modelo de la creación, tú puedes acercarte a Él con confianza. Tú le interesas y Él quiere ser tu fuerza y tu guía.

2. ¿Por qué hay tantos matrimonios con problemas hoy en día?

Si fuera a señalar el factor que causa mayores dolores de cabeza y destruye más matrimonios que cualquier otra cosa, no sería la infidelidad, a pesar de lo devastador y mortal que es, sino el egoísmo, esa antigua actitud de "primero yo", o "¡lo mío lo quiero ahora!", la cual genera irritación e ira, estanca las relaciones y finalmente destruye los matrimonios. El plan de Dios para ti es que puedas tener un matrimonio inquebrantable en un mundo quebrantado.

También reconozco que existe ese mito común de la masculinidad: que los hombres tienen tanta energía sexual que no se puede esperar de ellos que se confinen a una sola mujer. Así que, pensando que ellos son los regalos de Dios para las mujeres, algunos hombres cortejan y se ganan la mano de una maravillosa mujer, luego la conducen hasta el altar del matrimonio jurando estar a su lado "en las buenas y en las malas, en la riqueza y en la pobreza, en la enfermedad y en la salud hasta que la muerte los separe"; pero al cabo de unos meses (a veces de unos días), se apartan de su promesa, faltando así a sus votos, y finalmente rompiendo el corazón de la maravillosa mujer de quien se espera que permanezca pura (Dios ayude a la mujer que sea infiel, ¡aunque excusamos al hombre que haga lo mismo!).

La dura realidad es que la mujer se siente traicionada y perturbada cuando sabe que su esposo le ha sido infiel. En el 85% de todos los hogares deshechos, la infidelidad ha asomado su horrible cabeza. La mayoría de las mujeres no están dispuestas a aguantar a un esposo mujeriego, y cuando eso sucede el hogar se destruye y todos sus miembros, sobre todo los hijos, se convierten en los grandes perdedores.

Hay algo más que se corresponde con esta respuesta. ¿Recuerdas cuando Satanás lanzó su primera batalla con Dios? Él atacó a la pareja que Dios había puesto en el huerto, y considero que en la actualidad él también ha intensificado su ataque contra las familias porque se le está acabando el tiempo. El Nuevo Testamento dice que Cristo regresará de nuevo, así como vino una primera vez, y Satanás lo sabe. Por lo tanto, ¿qué hace él? Contraataca, golpea a la familia, y nosotros, cegados por nuestro egoísmo y pasiones, no tenemos la sensibilidad para darnos cuenta de que cuando le prestamos oídos e incumplimos las leyes morales de Dios, ellas al final nos destruyen.

Algunos matrimonios también están en problemas porque a los esposos y a las esposas les falta desarrollar habilidades básicas del matrimonio. Algunos de nosotros crecimos en hogares constituidos por uno de los dos padres, y no tuvimos ningún modelo de lo que es la masculinidad, o quizás creciste en un hogar en el que tu papá sencillamente no se comunicaba contigo. A algunos de ustedes sus padres jamás les dijeron que los querían, y hoy por hoy aún te resulta difícil expresar amor o comunicarte.

No entendemos el propósito de Dios para nuestras vidas ni Su plan para el matrimonio. Es como Dios le dijo a Oseas: "*Por falta de conocimiento mi pueblo ha sido destruido*" (Oseas 4:6). Las iglesias que patrocinan seminarios de matrimonio y enseñan habilidades de la vida familiar, contribuyen de manera positiva a edificar mejores matrimonios, y a mantener a las mamás y papás cerca de sus niños.

3. Al mirar atrás a nuestros 12 años de matrimonio, tengo que decir que cuando me casé tenía grandes ideas de cómo mi esposo satisfaría mis necesidades,

y al principio me decepcioné realmente. Al final creo que me acostumbré a mi matrimonio, pero aún no me agrada. ¿He esperado demasiado del matrimonio? ¿Crees que llegamos al matrimonio con expectativas poco realistas?

¡Absolutamente! Las expectativas poco realistas surgen de diversas fuentes, de los medios de comunicación que presentan la mujer hermosa y el hombre macho, los cuales son especímenes perfectos de la feminidad y masculinidad, de libros y películas románticas, y así influyen en las expectativas culturales. Las películas no sólo lucen bien, sino que los protagonistas se atraen mutuamente, y el fuego permanece ardiente, pero la realidad es que la mayoría de nosotros no somos así. Algunos tenemos desproporciones y defectos físicos en ciertos lugares que nos hacen parecer caricaturas de una tira cómica. Algunos de nosotros somos bajitos; otros, altos; algunos, delgados; otros, gruesos. Algunos son brillantes, y otros no saben nada de nada. Algunos necesitan más pelo en la cabeza, y otros lo tienen en los lugares equivocados. Pero lo que realmente atrae a otra persona no es cuán hermosa/macho o sexy seas, sino que ambos se quieran mutuamente, y ésta es la llama que prende el fuego y enciende tu hoguera.

La mayoría de las novias esperan que sus esposos caminen sobre el agua y se suban a un edificio de cincuenta plantas de un solo salto, y los esposos esperan que sus novias sean la combinación de la chef suprema Nitza Villapol y una famosa modelo-presentadora de televisión como Daisy Fuentes o Edith Masola, e inmediatamente después que dejan de sonar las campanadas de la boda, ambos descubren cuántos defectos tiene la otra persona realmente.

Alrededor de la segunda o la tercera noche de la luna de miel, los dos empiezan a pensar: "O ella (quizás él) es frívola (o fogoso), o hay algo que no está funcionando bien en mí porque no estoy experimentando lo que veo en las películas y en la televisión".

Ambos cónyuges vienen al altar del matrimonio con mucho equipaje, ADN, ciertos hábitos, diferencias familiares, en ocasiones diferencias culturales y ciertos niveles de responsabilidad ("Quiero una chica tal y como la que se casó con mi querido papá"). Ella espera que él sea como su padre, y él espera que ella cocine como su mamá.

A él le gusta dormir con las ventanas abiertas; a ella, que estén cerradas (ella teme que alguien se cuele durante la noche). A él le gusta el jazz y a ella, la música clásica. A él le gusta el baloncesto, y ella no puede entender por qué los hombres se emocionan tanto por colar un balón en ese pequeño aro. Él es extrovertido; ella, introvertida, pero ambos se aman.

Nos casamos para complementarnos, lo cual significa que la personalidad de Tipo A (siempre impacientes) conoce a uno tranquilo y relajado, del tipo sociable, y ella dice: "¡Caramba, quisiera ser más como él!". Y él ve su listado de cosas por hacer y dice: "Esta sí que es una mujer organizada, si es que acaso puede existir alguna. ¡Ojalá fuera como ella!". Existe una atracción natural, y entonces cuando se casan, rápidamente descubren que los opuestos se atraen, pero que demasiadas diferencias también se repelen. Así que la pregunta es: "¿Pueden dos personas tan diferentes como el día y la noche lograr juntos que el sol brille?". Sí pueden, pero se requiere de muchísimo esfuerzo, negociación y compromiso, pero vale la pena.

Cuando nuestras expectativas en el matrimonio chocan contra la pared, a menudo nos retractamos y decidimos que es hora de forzar, o corregir tiernamente, al otro para que se ajuste a mi manera. Algunos se pasan la vida fastidiando, criticando e intentando meter a la otra persona en su molde. Eso no funciona. Tus fastidios lo dejan sordo y hacen que se retire a la comodidad de un televisor. Hombres, es mejor que tengan cuidado de cómo responder cuando ella te pregunta:

"¿Crees que estoy pasadita de peso?" O "¿crees que soy tan bonita como…?" Puede que quieras que ella mejore, pero responder a estas preguntas probablemente no sea la forma de generar los cambios que deseas.

Tú, como mujer, posees un increíble poder para infundir confianza en tu hombre, para ayudarlo a tener éxito en el mundo de los negocios, y de hecho para que te ponga en un pedestal y te haga una reina. Él anhela desesperadamente tu afecto, tu aprobación y tu aprecio. Esposos, ella quiere tu corazón, tu afecto íntegro, tu apoyo y lealtad, y también tu salario. Bueno, no necesariamente todo eso, pero a ella sí la hace sentir mal lo que pierdes en el juego o, que Dios no lo permita, lo que empleas para apoyar a alguien más.

En resumidas cuentas, ¡el matrimonio requiere de mucho trabajo! Algunos se desgastan tanto intentando cambiar a la otra persona, que no tienen tiempo de ser la persona que deberían ser.

Aquí hay algo más que pocas mujeres entienden. Los hombres son sencillos, no complejos como ustedes las mujeres. Uno de tus grandes errores es que piensas que ellos son sencillamente una versión masculina de ti misma, que piensan como tú, que exteriorizan sus sentimientos/emociones como tú, que razonan como tú y que hablan como tú. ¡De ninguna manera! Cuando tratas a un hombre como a una mujer, o cuando él te trata como trata a los hombres, la cosa no funciona. Sales sintiendo que no le importas o que no te entiende (lo cual es más probable). ¡Él cree que todo lo hace bien! No tiene ni idea. Sencillamente él no se está conectando con la realidad.

Lo que los hombres y las mujeres quieren del matrimonio es sumamente diferente. Lo que los hombres quieren es una expresión sexual adecuada, mientras que las mujeres quieren intimidad emocional. Esto no significa que las mujeres no sean sexuales ni que tengan necesidades como las de los hombres, pero la expresión sexual en los hombres es mucho más física que emocional. En las mujeres, la expresión sexual se condensa en emociones que incluyen cómo se sienten con respecto a sí mismas, a su familia, hacia su hogar y su entorno. ¡Es complicado!

"Cuando me casé con mi esposa hace veinte años", me dijo un exitoso hombre de negocios, "ella era hermosa. En la actualidad no es ni la sombra de lo que era antes, y no me emociona tener romance con ella." Esta es una esposa a la que se le debe atender. Los hombres se inclinan hacia lo físico, y su entusiasmo debería incentivarse al verte a ti, no a nadie más, no al visitar un sitio de pornografía en Internet ni al mirar a cualquier bailarina de algún club. Trata de lucir tan atractiva como puedas. Dedica tiempo y devoción a lucir como antes de casarte, y esto también significa dedicar tiempo para refrescarte después de un largo y difícil día para ponerte atractiva.

No importa cuáles eran tus expectativas para el matrimonio, tu matrimonio va a ser lo que tú lo hagas ser. Mientras más inviertas en él, más obtendrás de él. Si esperas que el otro miembro lleve la carga, descubrirás que al final vas a ser una carga demasiado pesada para arrastrar.

¿Alguna vez has oído del golfista que llegó a su casa unas horas más tarde de lo que debía? Su esposa le preguntó: "¿Cómo es posible que llegues tan tarde?". "Bueno", dijo el esposo, "a José le dio un infarto en el duodécimo hoyo y nos fue difícil arrastrarlo hasta que terminamos el partido."

4. Después de 17 años, un esposo volvió pidiendo que se le permitiera volver a casa para recuperarse de una enfermedad grave. Su esposa e hija lo atendieron y le proporcionaron la medicina. Después de haber sanado, él siguió viviendo con su esposa e hija sin mencionar que quería quedarse. Debido al sufrimiento causado por el esposo, razón por la cual se separaron, la esposa

no quiere avivar la relación. El esposo no las mantenía ni tampoco quiere trabajar. Él no es cristiano. La esposa e hija son cristianas, y ambas tienen empleo. ¿Qué debería hacer la esposa?

A pesar de lo que diga en respuesta a tu pregunta, no todo el mundo estará de acuerdo. Antes de que llegues a una conclusión precipitada y digas: "¡Estoy de acuerdo!" o "¡todo eso está mal!", escúchame hasta el final.

Tus amigos realmente no pueden servir de árbitro en este asunto. Ellos no son los que viven con la persona en cuestión; tú sí. Además, eres tú quien enfrenta la responsabilidad de tu decisión. En primer lugar, dos males no hacen un bien. Aunque no estoy seguro en decir que permitir que tu "esposo" (empleando la palabra en un sentido legal) regresara a la casa para recuperarse de una enfermedad haya sido un error, sí creo que pudiste haberle mostrado compasión e interés sin permitirle regresar a casa. Es en cierto sentido como el camello que mete su nariz en la tienda. Una vez que la nariz está dentro, le sigue el cuerpo.

Diecisiete años es un buen tiempo para que la relación empeore de manera que no haya vuelta atrás para comenzar todo de nuevo. Es absurdo que él espere que las cosas mejoren cuando fue él mismo quien

provocó la división que distanció sus corazones y vidas. Me parece que junto con tu compasión, tu buen cuidado y tu disposición para satisfacer sus necesidades físicas, él probablemente piense que además puede presumir de que los "privilegios de cama" vienen acompañando a los beneficios de hospedaje. Eso no es así.

Aunque nada es imposible para Dios, es extremadamente poco probable que tu corazón pueda ser restaurado. Para que eso sucediera, tu esposo tendría que pasar por todos los pasos a los que me refiero al restaurar una relación rota. (Ver la sección sobre el adulterio y cómo restaurar la relación.)

Mientras tanto, debes informarle a tu "huésped" que es hora de que se mude a otro lugar, y mientras más pronto lo haga, mejor será para todos ustedes. Aunque tú quieres reflejar el amor y la compasión de Cristo, no tienes la responsabilidad de continuar el apoyo que tan generosamente has brindado.

A él es a quien corresponde demostrar gratitud empezando de cero, si es que se puede, y demostrar que tú le importas más que tu hospitalidad. El hecho de permanecer cerca de ustedes sólo le da la posibilidad de usarte, algo que más bien te convierte en una perdedora y no en una buena samaritana.

5. La sobrina de mi esposo, una joven de 17 años, ha venido a quedarse con nosotros durante una larga visita. Mi esposo va con la muchacha a todas partes, se pasa las noches enteras conversando con ella, viendo películas en la televisión. La trata mejor que a mí. Desde que ella llegó, prácticamente no tenemos intimidad. Una noche bien tarde, los sorprendí tomándose de las manos cuando llegué a donde estaban. Estoy intentando no ponerme celosa, pero no me gusta lo que estoy viendo. ¿Debería enfrentármele o sólo esperar a ver qué pasa?

Esperar a ver qué sucede es como esperar a ver lo que le pasa a un automóvil cuando se dirige hacia un precipicio y está sin frenos cuesta abajo. ¡Espero que ya hayas visto lo suficiente!

Seamos sinceros, no nos gusta la confrontación (a casi nadie le gusta), pero hay momentos en que es absurdo no hacerlo. Puedes escoger el momento, la forma y el lugar para la confrontación. Lo más saludable que puedes hacer por el bien de todos, incluyendo el de la muchacha, es hacerle saber a tu esposo que se está comportando como un chiquillo de 16 años y que no estás ajena a su comportamiento juvenil. Él está quedando como un tonto, y todos pueden darse cuenta, excepto él mismo.

Mientras más esperes para enfrentar este asunto, más elaborada será su fantasía y quizás su negligencia. Es hora de que tu sobrina se despida, y de que tu esposo se acuerde de que es casado, que tiene una responsabilidad contigo y con tu familia, "y que ya es suficiente."

6. Soy maestra de preescolar y trabajo día y noche. A veces mi esposo se pone celoso porque no tengo tiempo para él, y es que casi siempre estoy en clase. Siempre estoy cansada cuando regreso a casa. Si él entra a nuestra habitación, siempre estoy durmiendo. ¿Qué debo hacer?

En primer lugar, yo me esforzaría por hacer un tiempo que sea sólo para ti y tu esposo. Honestamente, los hombres a veces olvidan que el hombre trabaja desde el amanecer hasta el atardecer, pero el trabajo de la mujer nunca se termina. Aunque nos divertimos con el humor sexista, los hombres sí se olvidan de que cuando una mujer entra por la puerta de la casa, después de haber estado dando clases, trabajado en una oficina o dondequiera que trabaje, todavía su labor no ha terminado. Ella es además una ingeniera doméstica con responsabilidades en cuanto a los hijos y velando porque haya comida en la mesa y ropa limpia para la familia.

Cuando se trata de deberes, casi siempre hacemos listas encabezadas por lo más importante, y luego vamos colocando así las cosas por hacer en orden de prioridad hasta llegar a lo menos importante. A mí particularmente nunca me ha gustado agrupar las responsabilidades de manera vertical. ¿Por qué? ¡Las prioridades cambian! A veces lo más importante que puedo hacer es estar a solas

con mi esposa. Otras veces, tener tiempo para mis nietos es aún más importante que hablar a un grupo de personas.

Al determinar cómo hacer uso de las 24 horas de cada día, toma una hoja de papel, y en la parte superior dibuja un triángulo que represente a Dios; entonces, dibuja debajo una línea horizontal, y en la misma escribe tus obligaciones. La prioridad más importante no es fija porque constantemente necesitas alternar las responsabilidades y decidir cada día qué es lo más importante que debes hacer, pidiendo a Dios que te dé sabiduría para saber cómo priorizar, cómo decir sí o no sobre la base de lo que es más esencial, no en respuesta a la presión que sientes por parte de otros.

7. ¿Cómo puede entender un esposo que debe dar importancia a su esposa? Me parece que la mayoría de los esposos pasan por alto a sus esposas. No tienen tiempo para ellas, sino sólo para sus amigos, para los familiares de ella, para beber y relajarse. Siempre dicen que lo hacen para ayudar a todos a su alrededor.

Pudieras intentar hacer huelga, no cocinar, no lavar ni planchar, no ir de compras, no pagar las cuentas ¡ni dormir con él! Pero francamente, ésta no es una buena sugerencia porque generaría más hostilidad que reconocimiento.

Sin embargo, hay momentos en que el esposo tiene que aprender a las malas: a su esposa la derriba una enfermedad y es hospitalizada, o queda débil de manera que no puede llevar los niños a la escuela, no puede atender la casa ni al esposo. A menudo no valoramos las cosas hasta que nos las quitan o corremos el riesgo de perderlas, pero a menudo es demasiado tarde.

Francamente, si tuviera una solución fácil para tu problema, pudiera enriquecer grandemente la vida de la mayoría de las mujeres porque hay demasiados esposos que no están dando a sus esposas el lugar número uno en sus vidas.

Hombres, lean esto, que es para ustedes. Cuando ustedes ponen a sus amigos y familia, incluyendo el dinero que invierten para entretenerlos, por encima de su esposa y de las necesidades de la familia, están demostrando cuán poco aman realmente a su esposa. No les salgan con las frases sentimentales del 14 de febrero de cuánto aman a su "amorcito", cuando en realidad la han estado tratando como una ayudante doméstica durante todo el año.

El amor es un compromiso, es la decisión de cuidarla, y cuando demuestras que en realidad amas a tu esposa, descubrirás que tus necesidades serán satisfechas mucho más profunda y significativamente que cuando la ignoras, la das por sentado y supones que siempre va a estar ahí para ti.

Trata de no aparecer en la lista de los que un día regresan a casa y la encuentran vacía porque la esposa aguantó todo lo que pudo, pero dijo: "¡Ya basta!". Toda mujer tiene un límite de aguante.

Una advertencia final: si no le has dicho cuánto la amas, es mejor que escojas muy bien tus palabras porque podrías causarle un gran susto. Esto me hace pensar en cierto hombre, el cual se dio cuenta de que no le había mostrado amor a su esposa durante mucho tiempo, por lo que estuvo pensando durante varios días en qué decirle. Un viernes por la noche regresó del trabajo, encontró a su esposa en la cocina, y con la voz algo entrecortada del nerviosismo, se lanzó a expresarle palabras tiernas que culminaron con la frase: "¡Cariño, te amo, más que a mi propia vida!". Para su sorpresa, su esposa rompió en llanto. "¿Qué sucede, cariño?"— le preguntó, y añadió — "Pensé que te gustaría." "Oh, Pablo— dijo ella llorando. — "Este ha sido uno de los peores días de mi vida. He tenido un terrible dolor de cabeza todo el día. Esta mañana se me cayó la taza de té de porcelana que mi madre nos regaló cuando nos casamos, y ahora, para colmo… ¡has llegado a casa completamente borracho! ¡Es más de lo que puedo aguantar!"

8. Actualmente estamos viviendo de la caridad de nuestra familia y ninguno de los dos está contento con esto. ¿Cuál es su opinión en cuanto a las oportunidades de negocio lejos de casa? ¿Cree que esta ausencia afectaría a nuestros hijos?

El lado malo de este asunto es que un obrero extranjero a menudo queda expuesto a injusticias, condiciones laborales difíciles y, lo cual resulta ser lo más devastador para las relaciones, ¡la tentación sexual! Cuando no están cerca de la persona que aman, ceden a la tentación y toman a quien está cerca. Estimados recientes revelan que el 85% de los matrimonios de los que viajan por asuntos de negocios y/o los obreros extranjeros son seriamente afectados por la ausencia del cónyuge, como puede ser el caso, y así mismo los hijos.

Un antiguo aforismo dice que cuando la persona no está es cuando más se quiere, pero la realidad es que la ausencia hace que el corazón se desvíe, y además, la tentación de hacerlo no es exclusivamente para el que está lejos de casa.

Estoy pensando en el tiempo en que Reinaldo, quien había estado trabajando en el extranjero durante dos años, regresó a su país y llegó al aeropuerto cargado de regalos para su esposa e hijos. Lilia, su esposa, lo recibe con los brazos abiertos y exclama: "Ay, Reinaldo, es tan maravilloso tenerte de vuelta".

"Antes de que salieras a trabajar al extranjero, teníamos un pequeño televisor en blanco y negro; ahora, tenemos un Sony a color de 27 pulgadas.

Antes de que te fueras, teníamos una plancha vieja de carbón; ahora tenemos una nueva de vapor, marca General Electric.

Antes de que te fueras, teníamos dos hijos; ¡ahora tenemos cuatro!"

Ninguna cantidad de dinero puede compensar la ausencia de un papá en la vida de su familia; así que, cuando calculas el costo, rápidamente te percatas de que el dinero no puede suplir lo difícil ni el daño emocional que se inflige en cada uno de los miembros de la familia debido a la separación.

Es cierto que un buen matrimonio puede soportar períodos cortos de separación. Esto le sucede al personal militar y en ocasiones a la gente de negocio, pero la separación a largo plazo casi siempre es fatal para una relación.

Dios nunca ha querido que nos separemos de nuestro cónyuge innecesariamente; así que, cuando pienses en el dinero, es mejor que calcules el costo de lo que ocasionará a tu familia. Generalmente aconsejo que ninguna familia debe permanecer separada por largos períodos de tiempo, a pesar de lo mucho que se les pague en compensación.

¿Y qué si ganas mucho dinero, pero pierdes a tu esposa e hijos en el proceso? La vida es más que el dinero. Como dijo el salmista: "*Mejor es lo poco del justo, que las riquezas de muchos pecadores*" (Salmo 37:16, RVR60).

9. Casi siempre los suegros destruyen la armonía de la relación entre esposos y esposas, sobre todo de los que trabajan fuera del país y envían dinero a su cónyuge, porque casi siempre su hijo(a) creen lo que ellos dicen aunque no sea verdad. ¿Cómo se puede enfrentar esta situación?

Aquí hay dos problemas: el esposo ausente y el problema de la relación que incluye a los suegros.

La solución sencilla para tu problema es que tu familia se reúna de nuevo, de manera que no tengas más el triángulo entre tú-él-y ellos, los suegros. Francamente, lo menos que puede pasar cuando tu esposo se encuentra lejos es que la comunicación entre ustedes sea difícil. El patrón típico es que la primera vez que se separan, tu esposo te extraña muchísimo, te llama cada semana y aprovecha toda oportunidad que tenga para mandarte e-mails y mantenerse en contacto. Sin embargo, mientras más tiempo permanece lejos, menos frecuentemente llama o se comunica contigo.

Sí, es cierto que él está ocupado, al igual que tú, pero parece que tus suegros le están dando una versión de la historia diferente a la tuya. Como no conozco los detalles de tu situación, es difícil para mí hacer comentarios. No obstante, sí hay dos ideas que quisiera compartir contigo. En primer lugar, tu esposo debe permanecer unido a ti en una misma mente. Esto es difícil porque él amaba a su mamá aún antes de conocerte y además quiere agradarle. Sin embargo, él debe permanecer de acuerdo contigo.

Entonces, a pesar de cuán doloroso pueda ser para ti, yo en tu lugar lucharía por establecer una relación más estrecha con la otra parte de la familia. Comparte las noticias que vienen de afuera, celebra los cumpleaños; sal de lo acostumbrado y exprésale amor a tu suegra.

A C. S. Lewis una vez le preguntaron que si uno debía actuar de manera amorosa, aun cuando no amara a la otra persona. Su respuesta fue sorprendente: "Sí". Luego explicó que, cuando uno actúa en amor, al final las emociones se corresponden con la decisión de amar, y la hostilidad es reemplazada por acciones que reflejan tus acciones.

¡Jesús nos dijo que amáramos aun a nuestros enemigos! Aquí se incluyen también tus pensamientos acerca de tu suegra.

10. Mi esposo piensa que es muy "macho" y está muy orgulloso de serlo, lo cual no me agrada en lo absoluto. Él es realmente el niñito de mamá, pero no quiere reconocerlo. ¿Cómo debería yo enfrentar esta situación?

Es triste, pero cierto. Muchos hombres piensan que tienen que impresionar a todo el mundo, demostrar cuán machos son, cuando en realidad se trata de una especie de alarde, de un juego que deciden jugar con ellos mismos, y en todo momento, sus esposas saben exactamente quiénes son ellos. ¿Por qué juegan así? En parte por las expectativas con las cuales crecieron. A los varoncitos se les enseña que los hombres de verdad no lloran, que ellos tienen que ser fuertes, sí, ¡machos! Es entonces cuando desarrollan el miedo a expresar sus sentimientos; así que, fingiendo estar acorde a esta imagen, tratan de ser así, y ahogan las emociones que Dios les dio, aunque las mismas realmente contribuyen a que se tenga una autoestima saludable. A menudo se quedan por debajo de lo que ellos creen que se espera de ellos, pero intentan mantenerse en su misma posición, pensando que, si no fingen ser así, no se les respetará y se pondrá en duda su masculinidad.

Para ustedes, hombres, que están leyendo esto, puedo decirles categóricamente: "No intentes engañar a tu esposa; ella te conoce mejor que tú mismo. Además, cuando te muestres vulnerable y genuino con ella, hasta el punto de reconocer tus debilidades y temores, ella te amará mucho más. Las mujeres valoran la sinceridad y la transparencia".

Sin embargo, aquí hay otro asunto que debe ser tratado. Dios nos enseñó que Su plan consiste en que el hombre deje a su padre y a su madre, y se una a su mujer, de manera que lleguen a ser una sola carne. A los hombres, no a las mujeres, se les dice que deben dejar madre y padre. Esto es algo que muchos hombres jamás hacen porque disfrutan del consentimiento de las madres, las cuales temen cortarles el cordón umbilical. Sin embargo, las esposas detestan esta situación porque las hacen sentir eclipsadas, lo cual lamentan. Hombres, hagan que sus esposas se sientan sus enamoradas, denles el primer lugar; ámenlas con absoluta devoción, y descubrirán que ellas les responderán de la misma manera, haciéndolos sentir como un rey en su castillo.

11. Mis suegros ocupan casi el 75% de la vida y la dedicación de mi esposo, al robar su atención, compromiso y amor de su esposa e hijos. ¿Qué puedo hacer para parar con esto?

Proverbios 18:13 (LBLA) dice: "*El que responde antes de escuchar, cosecha necedad y vergüenza*". Esto me hace titubear sin antes haber escuchado el punto de vista de tu esposo, quien bien puede decir: "Mi esposa se pone celosa cada vez que paso algún tiempo con mis padres". Así que la verdad puede estar entre los dos puntos de vista.

Puedo decirte muy poco con respecto a lo que puedes hacer para "parar con esto", pero sí hay mucho que puedes hacer para aliviar las tensiones entre tu persona y su familia. Jesús nos desafió a que edificáramos puentes de amor entre nosotros y nuestros enemigos (en realidad es injusto poner a su familia en esta categoría, pero el principio se aplica).

Ora por cada uno de los miembros de su familia todos los días y pídele a Dios que te ayude a amarlos. Acércate a ellos y bríndales tu amistad. Cuando tu esposo te diga que le gustaría pasar un rato con ellos, sugiérele que los invite para que hagan algo contigo, o pídeles que vengan a cenar con ustedes o que te ayuden a celebrar algún cumpleaños. Puede que esto les sorprenda, o hasta que se nieguen a hacerlo, pero no te des por vencida. Sigue intentándolo, y por lo general los pronósticos indican que al final el amor saldrá vencedor.

12. ¿Cómo debería tratar a mi esposo cuando cede a la tentación debido a la presión de sus amigos?

Si ceder a la tentación debido a la presión de sus amigos implica rendirse ante lo que él sabe que es incorrecto, sería fácil perderle el respeto. Y francamente, respetar a un hombre que no se lo merece es difícil, si no es completamente imposible.

En primer lugar, cuando te encuentras en una situación como la que acabas de describir, te sugeriría que no lo enfrentes cuando tus hijos los puedan escuchar. Escoge el momento y el lugar adecuados, y entonces refiérete al tema de esta manera: "Rigo, tú sabes que realmente te respeto cuando eres lo suficientemente fuerte para hacer lo correcto, aunque tus amigos no tengan la fuerza suficiente para hacer lo mismo; pero cuando cedes para no quedar mal con ellos, no estás siendo consecuente con lo que crees, y eso es exactamente lo contrario de lo que estamos tratando de enseñar a nuestros hijos".

Lo que tu esposo debe hacer es establecer relaciones con las "personas correctas", aquellas que le confirmen lo que es correcto y no lo presionen a ir por el mal camino. Hasta donde te sea posible, motívalo a mejorar sus relaciones con las personas que puedan ayudarlo a ser mejor, no con las que sean débiles y cedan fácilmente ante lo indebido. Este es un enfoque positivo ante una situación negativa.

13. Mi esposo abusa de mí, tanto emocional como físicamente. Su familia y amigos lo saben, pero lo

ignoran. ¿Hasta qué punto debo soportar? Él dice que merezco lo que recibo, que es culpa mía.

Me gustaría decir categórica y enfáticamente que ¡jamás hay justificación alguna para que un hombre degrade, golpee o abuse de una mujer! Ante los ojos de Dios, semejante modo de tratar a una mujer se considera pecado y es incorrecto. Aunque la gente a veces ignore esta situación, o decida no involucrarse en lo mal hecho, los que tienen conocimiento de lo que está sucediendo y se niegan a hacer algo al respecto, se hacen partícipes de las malas obras de los abusadores.

¿Por qué los hombres abusan de sus esposas? Por una serie de razones, entre las que se encuentran sus propias inseguridades y falta de autoestima, la incapacidad de procesar la ira, el uso de drogas y alcohol, el hecho de poner en práctica los malos ejemplos que vieron mientras crecían, así como su incapacidad de lidiar con los resentimientos y las quejas.

Hay casos de hombres que asisten a la iglesia y dicen ser cristianos, pero abusan de su esposa, y hasta citan pasajes que hablan de que la esposa debe someterse al esposo, ignorando que ellos deben amar a su esposa como Cristo amó a la Iglesia, y de que las esposas son instrumentos que Dios está usando para purificarlos y conformarlos a la imagen de Jesucristo.

A menudo los abusadores tratan de convencer a sus víctimas de que merecen lo que les está pasando, de que ellas se han pasado de la raya y que el abuso constituye sencillamente el juicio de Dios en sus vidas. Y, por muy sorprendente que parezca, cuando se te repite algo lo suficientemente y con énfasis, realmente empiezas a creer lo que te dicen y llegas a sentir que de hecho has caído en algo que merece maltrato. Se trata del síndrome de la "alfombra", caracterizado por el sentimiento de que no mereces nada mejor, que sujetarse significa ceder a la presión, dejando que el abusador continúe pasándote por encima, como si fueses una alfombra.

La cuestión que tienes que enfrentar es ésta: ¿Hasta dónde puedes aguantar (o en qué momento debes actuar), y qué debe hacerse al respecto? Hay algunas preguntas que te pueden ayudar a definir tu respuesta. Son las siguientes:

1. ¿Estoy siendo afectada emocional y físicamente por este abuso de manera que ya no puedo cumplir con las responsabilidades diarias?
2. ¿Son mis hijos víctimas de este abuso (especialmente del abuso sexual)?
3. ¿Ha sido amenazada mi vida o las de mis hijos, al menos una vez?

El abuso físico se evidencia por medio de marcas, moretones, entre otros, pero el emocional es más difícil de notar. Una mujer me dijo que su esposo había abusado de ella cuando le dijo en una ocasión que estaba aumentando de peso. No puede decirse que esto se considera un abuso emocional, pero si en una situación como ésta se utilizan términos como: "¡Estás hecha una gorda! ¡No sirves para nada!", ya pasa a ser una ofensa inaceptable.

A continuación hay algunos ejemplos de abuso emocional:

- Emplear un lenguaje despectivo y/o vulgar (ej. "No eres más que una perra o una... (prostituta)", o decir: "Tienes mala sangre; la sacaste de tu inútil padre").
- Apuntar con un arma en la cabeza a una mujer, pero luego decir: "No estaba cargada; así que no tienes por qué quejarte".
- Acusar de infidelidad.
- Sugerir que a la esposa la ascendieron en el trabajo debido a los favores sexuales que hizo.
- Tratarte como a una niña, menospreciando tus ideas y mandándote constantemente a callar.
- Tomarte fotos en contra de tu voluntad y exhibirlas a sus amigos.

- Burlarse de ti porque te desagradan ciertas prácticas sexuales que él quiere imponerte.

¿Cuáles son tus opciones cuando hay abuso?

Ignorar la situación. Convéncete de que sus súplicas, tales como: "Lo siento; nunca más te voy a pegar" son honestas y de que el asunto ya ha sido resuelto y acabado. El problema con esta opción es que una vez que haya ocurrido abuso físico, casi siempre hay una segunda vez, una tercera y así sucesivamente, hasta que se convierte en un hábito. Si no es mediante la confrontación, casi nunca un hombre se da cuenta de que el abuso sexual es una situación intolerable que no será permitida.

La intervención. Esto significa que la familia o los líderes de tu iglesia llevan a cabo la confrontación para que el individuo se dé cuenta de que no sólo te ha ofendido a ti, sino además a la familia. Esta confrontación tiene que ser lo suficientemente fuerte para que el ofensor escuche el mensaje alto y claro: "Esto es inaceptable, y vamos a tratar con severidad la violencia que se repita".

Establecer límites. Trazar líneas mediante las cuales tu esposo sepa cuándo algo se convierte en abuso y es inaceptable. Advertencia: antes de pronunciar un ultimátum (tal como: "Si vuelves a hacerlo, yo voy a…"), es mejor que estés dispuesta a vivir con la alternativa que le diste. Si no lo haces así, tus palabras se convertirán en una amenaza inútil de la cual se va a burlar o va a ignorar.

La separación hasta recibir consejería o que haya habido cambios. Por supuesto, esto es algo difícil, pero cuando la situación se te va de las manos por completo, por tu propio bien y/o el de los hijos, es mejor demostrar amor siendo firme y protegiéndote a ti misma, así como la vida de tus hijos. Quizás la separación sea la única manera de que tu esposo vuelva en sí y cambie su forma de ser abusiva.

Quisiera compartir una idea más. Si te es necesario romper la relación cuando hay abuso, no dejes que tu esposo te convenza de que es pecado que lo dejes. Al contrario, estás tomando la decisión correcta en respuesta a lo mal hecho. Santiago 4:17 dice que es pecado dejar de hacer lo que es bueno, pero éste no es tu caso. Aplicar esto manteniéndote en una situación que desagrada a Dios y es completamente incorrecta, facilita la separación. Continúa orando por tu esposo y trata de obtener la ayuda que permitirá la reconciliación. A veces la única forma de que una persona llegue a entender la gravedad de lo que ha estado haciendo es mediante acciones e intervenciones fuertes. Acudir a las personas adecuadas te proporciona la sabiduría, el valor y la tenacidad para colocar tus límites en su lugar.

14. ¿Cómo puede una esposa cristiana aplicar los principios bíblicos a un esposo que no es cristiano, especialmente si él no le responde de la misma forma o no le corresponde?

¡Buena pregunta! Hace mucho tiempo Pedro dio respuesta a esta misma pregunta. Él escribió: "*Ustedes, las esposas, deben obedecer a sus esposos en todo. De esa manera, si ellos no creen en el mensaje de la buena noticia, el comportamiento de ustedes podrá convencerlos. No tendrán que decirles nada*" (1 Pedro 3:1, BLS).

Déjenme hablarles de Valentina, una mujer a quien conocimos en Ucrania, cuyo esposo no era cristiano y, en aquel momento, no tenía ningún interés en el Cristianismo. Ella nos invitó a cenar en su casa, y después de haber cenado, se dirigió a mí y me dijo: "Verá, Dr. Sala, mi esposo no es cristiano. ¡Conviértalo!". Lo dijo así de simple, como si yo pudiera extender una varita mágica y colarlo en la fe.

Le expliqué que yo no podía convertir a nadie, sino sólo explicarle de qué se trata el Cristianismo: de tener una relación con una persona que vivió, murió y resucitó. En los términos más sencillos que pude encontrar, le expliqué de qué se trata la fe, que no es cuestión de ir a la iglesia, de escuchar la liturgia (en la Iglesia Ortodoxa, las velas, el incienso y recitar la liturgia ocupan un lugar prominente, mientras que se oscurece la relación con Cristo).

Entonces mi esposa y yo llamamos a Valentina aparte y le dijimos: "Mira, lo que debes hacer es modelar en tu vida lo que es un cristiano. Vive el Cristianismo cuando estés frente a él. Permítele ver a Cristo en tu vida".

Dos años después, en una ocasión en que fui a predicar a Kiev, encontré a Valentina sonriendo al lado de su esposo y me dijo: "Mi esposo ahora es cristiano. ¡Su consejo dio resultado!".

15. ¿Cómo pueden los padres combinar la responsabilidad de criar a sus hijos con la de mantener el romance en su matrimonio?

Cuando se tiene hijos pequeños en el hogar, uno se pregunta si algún día crecerán y te dejarán una vez más tener una vida normal, en la que se tiene tiempo para compartir en pareja cuando no estés exhausto(a), ni sintiéndote más bien como un robot o un zombi, en vez de un esposo o esposa romántica(o) y amorosa(o).

Muchas mujeres pueden identificarse con la esposa joven que quería hablar del hecho que, cuando llegó al final del día, ella estaba hecha polvo mientras que la pasión de su esposo estaba encendida. "Ya no me importaba el sexo en lo absoluto", suspiró ella y añadió"prefería un masaje en la espalda".

Una de las incongruencias de la vida es que las energías sexuales masculinas casi siempre son más exigentes al mismo tiempo en que las necesidades de los niños pequeños son más apremiantes, lo cual implica que casi siempre el esposo parece ser el fogoso, y la esposa no parece estar interesada en lo absoluto. Así que, ¿cómo resolver este supuesto estancamiento?

En primer lugar (y esto casi siempre demuestra lo evidente), debes recordar que los hijos no van a estar en el hogar para siempre, ¡pero tu relación matrimonial sí! Mantenerse mutuamente como la primera prioridad requiere de tiempo, esfuerzo mental, enfoque y actitud. Cuando una partida de ajedrez queda en tablas, esto significa que ninguno de los jugadores puede moverse en el tablero, pero cuando tu matrimonio está "en tablas", es como un pedazo de pan seco, que ya no está fresco ni apetitoso.

Las tablas en el matrimonio conducen a callejones sin salida y hasta a aventuras. Jamás se pasen por alto el uno al otro, sino saquen el tiempo de su ocupada vida y cuando puedan, tengan una "noche de cita", un tiempo para estar juntos sin pensar en lo que queda por hacer, una ocasión en la que puedes escapar de la rutina (sí, deja a tus hijos con los abuelos, con algún buen amigo de ustedes o con alguien de confianza) y pasen una noche fuera, en la que puedan reavivar la llama de la pasión y sencillamente disfrutarse el uno al otro.

¿Recuerdas que en una respuesta anterior mencioné que nuestras prioridades deben ser flexibles en dependencia de lo que es más urgente? En ocasiones mi trabajo es lo más importante que puedo hacer; otras veces, es sencillamente estar con mi esposa; otras, es jugar con los hijos, pero todos estos aspectos que consumen mi tiempo, interés y finanzas están sujetos al señorío de Jesucristo, ¿recuerdas el triángulo que representa a Dios?

Hace mucho tiempo el sabio, probablemente Salomón, escribió que *"hay un tiempo señalado para todo, y hay un tiempo para cada suceso bajo el cielo"*[1] (Eclesiastés 3:1, LBLA), y aquí debe incluirse el tiempo para la pareja.

---

1 Lit., deleite

16. ¿Cómo cada uno de nosotros puede lidiar con grandes desilusiones tales como una tragedia familiar, la infidelidad del cónyuge o que esté atravesando la crisis de la mediana edad?

Tu pregunta abarca una multitud de desafíos, los cuales son demasiado amplios para abordar cada uno en específico; sin embargo, tú mencionas un asunto importante: "¿Cómo enfrentamos los diversos desafíos de la vida, los cuales son tan reales como que el sol sale por el este y se oculta por el oeste?".

La realidad es que nacemos en un mundo descompuesto y plagado de problemas. Job lo describió así: "*El hombre nace para sufrir, tan cierto como que las chispas vuelan*" (Job 5:7). Cuando lees el libro que lleva su nombre, te das cuenta de que muy pocas personas tienen que enfrentar la cantidad ni la perplejidad de las tragedias que él enfrentó: la muerte de sus hijos, la pérdida de sus amigos, la quiebra de su negocio y aun el escarnio de su esposa, quien se lamentó: "*¡Maldice a Dios y muérete!*" (2:9).

Los problemas lo tomaron por el cuello y no lo soltaban. Cuán fácil le hubiese sido a este hombre haberse desilusionado y culpar a Dios de sus problemas, pero las Escrituras dicen de él: "*A pesar de todo esto, Job no pecó ni le echó la culpa a Dios*" (Job 1:22).

El hecho es que cuando las tragedias golpean a la mayoría de las personas, la herida grave de un hijo, un revés en los negocios, un cambio financiero, que un cónyuge quede gravemente incapacitado o la infidelidad, la relación queda seriamente amenazada. De hecho, la mayoría de los matrimonios fallan cuando hay un trauma grave de cualquier tipo. ¡La tragedia se vuelve más fuerte que el matrimonio!

Así que, ¿cómo es que algunos matrimonios se deshacen por una tragedia y otros sólo se fortalecen? La respuesta sencilla depende de dónde escojas colocarte con respecto a la tragedia. Cuando un matrimonio falla, la pareja a veces tiende a culpar al otro miembro del problema, mientras que, cuando un matrimonio sobrevive al desafío, la pareja permite que la tragedia los conduzca a Dios, quien sana sus corazones quebrantados y enmienda sus vidas deshechas.

Cuando estuve en cierta ocasión con un grupo de hombres compartiendo en conferencias de familia, nos encontrábamos cada mañana para desayunar y compartíamos sobre lo que Dios estaba haciendo en nuestras vidas. Una mañana el Dr. Lehman Strauss, un hombre que había servido al Señor durante muchos años, habló sobre el desafío que tuvo que enfrentar en su vida cuando su amada esposa Elsie, quien jamás se había enfermado ni un solo día en toda su vida (para citar sus propias palabras), cayó de un derrame cerebral.

Ella fue hospitalizada y entonces se pensó que se había estabilizado. Cuando esto sucedió, los médicos sugirieron que fuera trasladada a una instalación de rehabilitación para recibir terapia, para de esta manera dejar libre una cama del hospital para alguien cuyo estado fuese más grave. Él contó cómo el médico le dijo que debía comunicar a Elsie que había llegado la hora de trasladarse a otra instalación.

Con mucha tristeza, él le explicó a ella lo que el médico le había dicho, y entonces le recordó: "¡Elsie, pero Dios tiene el control!". Luego él comenzó a llorar mientras exclamaba: "Elsie, ¿*realmente* Dios tiene el control?".

Este hombre no era un novato, sino un veterano de muchos años; era un hombre de Dios firme e inquebrantable que había predicado la Palabra durante casi toda su vida, y, aunque no dije nada, me quedé un poco sorprendido por su pregunta.

A medida que Lehman hablaba de su experiencia, contó que día tras día ellos dos leían la Palabra juntos y oraban, lo cual fue lo que les dio la fortaleza y el valor que necesitaban para atravesar por ese desafío.

En dependencia de dónde decidas colocarte en relación con la dificultad, la tragedia o el problema que tengas te apartará o te conducirá a tus rodillas y a Dios.

La promesa del Salmo 55:22 (LBLA) es: "*Echa sobre el Señor tu carga*[2], *y El te sustentará*", y Pedro añade su exhortación al decir: "*Depositen en él toda ansiedad, porque él cuida de ustedes*" (1 Pedro 5:7).

Puede que la mayoría de los que lean esto nunca pasen por tragedias como las que he mencionado, pero puedo asegurarte que en algún momento tendrás que enfrentar un desafío de cualquier tipo, y cuando eso venga, puedes aprender que la gracia de Dios es suficiente. Así como puede que te preguntes si determinado puente es lo suficientemente fuerte para sostenerte, aprenderás a partir de tu propia experiencia que Dios te levantará en sus fuertes brazos y te llevará a salvo hasta la otra orilla.

17. ¿Qué puedo hacer si estoy unido(a) en yugo desigual con un incrédulo?

Pedro aconsejó lo siguiente a las mujeres de su época que se encontraban en esta situación. Él escribió:

"*Así mismo, esposas, sométanse a sus esposos, de modo que si algunos de ellos no creen en la palabra, puedan ser ganados más por el comportamiento de ustedes que por sus palabras, al observar su conducta íntegra y respetuosa. Que la belleza de ustedes no sea la externa, que consiste en adornos tales como peinados ostentosos, joyas de oro y vestidos lujosos. Que su belleza sea más bien la incorruptible, la que procede de lo íntimo del corazón y consiste en un espíritu suave y apacible. Ésta sí que tiene mucho valor delante de Dios. Así se adornaban en tiempos antiguos las santas mujeres que esperaban en Dios, cada una sumisa a su esposo.*" (1 Pedro 3:1-5)

Realmente Pedro está diciendo: "Vive el mensaje delante de tu esposo inconverso y, cuando se presente la ocasión, utiliza las palabras". Este fue el desafío de la esposa de Lee Strobel cuando se convirtió en cristiana. A su esposo, quien era

2 O, lo que Él te ha dado

reportero investigador para el periódico The Chicago Tribune (y además abogado, graduado de la Universidad de Yale), no le agradó que su esposa se convirtiera. De hecho, llegó a pensar seriamente en el divorcio. Él sabía que ella ya no iba a ser la misma mujer divertida de antes, pero prefería que la mujer que se había casado con él bebiera y fiestara con él.

Sin embargo, poco a poco comenzó a fijarse en la vida de ella, ¡y le agradó lo que vio! Estaba intrigado y no podía negar que la vida de su esposa había cambiado. ¿Quién era esa persona llamada Jesucristo, que había marcado la diferencia en su vida?

Él decidió investigar la vida de Jesucristo como mismo investigaba cualquier delito, desde el punto de vista de alguien que realmente quería sacar a la luz la verdad, la historia real. ¡Y eso fue lo que hizo! Realizó entrevistas, buscó informes históricos, investigó el texto bíblico, inspeccionó y consideró las evidencias.

Finalmente llegó a la conclusión que Jesucristo no era un simple mortal, que Él era y es en verdad el Hijo de Dios, y que tenía más sentido creer que no hacerlo.

Más adelante, Lee escribió sobre su investigación en el best-seller *The Case for Christ* [El caso de Cristo].

¿Qué puedes hacer entonces? Sonríe. Ama a tu esposo. Satisface sus necesidades. Vive como Jesús delante de él. Mantente apoyándolo. Sé la mejor compañía, esposa y amante que sepas ser, y deja que el Espíritu Santo se encargue del resto. Cuando llegue el momento, sabrás cómo tomar su mano tiernamente y ayudarlo a entrar por la puerta de la fe.

Capítulo 2
PREGUNTAS SOBRE EL DINERO Y EL MATRIMONIO

El problema número uno en el matrimonio no es lo que sucede detrás de la puerta de la habitación, sino el dinero y cómo se maneja. No se trata de tener mucho o poco, sino de lo que haces con lo que tienes. ¿Por qué? El dinero representa el poder, y generalmente el que controla el dinero es quien controla la relación.

Realmente hay sólo tres cosas que puedes hacer con el dinero: ahorrarlo, gastarlo o regalarlo, pero la manera en la que haces estas tres cosas puede volverse explosiva y combativa. El dinero no es un arma ni un medio para comunicar amor y afirmación. Sin amor, se convierte en un arma. Si lo das generosamente a alguien a quien quieres, se convierte en una expresión de amor.

Una de las cosas más importantes que puedes hacer en tu matrimonio es que juntos reconozcan que lo que tienen es un regalo de Dios, del cual ustedes son mayordomos, encargados de lo que Él ha puesto en sus manos. Entonces, el asunto se vuelve bien sencillo: ¿Tiene algo que decirnos Dios sobre cómo administrar nuestro dinero?

¡Sí! Uno de cada 25 versículos del Nuevo Testamento tiene que ver con la mayordomía de nuestras posesiones.

Reconocer que somos hijos de Dios, que lo que tenemos no es realmente nuestro, sino Suyo (porque somos Sus siervos) y; por lo tanto, que seamos responsables ante el Padre por lo que hacemos conlo que Dios nos ha confiado, nos coloca en la posición de encargados de cuidar nuestras posesiones, no de dueños.

Bill y Vonette Bright fueron dos de los líderes de mayor influencia del siglo pasado. Antes de que Bill escuchara el llamado de Dios a la labor cristiana, era un exitoso hombre de negocios. A medida que Bill estudiaba la Biblia, su concepto del dinero y de a quién le pertenece comenzó a cambiar. Él y Vonette hicieron frente a este asunto de la mayordomía cuando él estaba cursando sus estudios universitarios en Princeton. Un domingo por la tarde ellos se sentaron e hicieron una lista de todo cuanto poseían. Como hombre de negocios al fin, él sabía qué eran los contratos, por lo que hizo uno con Dios, "un contrato de rendición absoluta de nuestras vidas al Señor Jesucristo, para hacernos siervos Suyos", como él mismo lo definiera. Entonces, al final de la hoja, ambos firmaron el acuerdo.

Puede que estés pensando: "Pero, espera un momento. ¿Acaso él no estaba yendo demasiado lejos con lo que hizo?". A menudo Bright hablaba del ejemplo de Pablo, quien casi siempre comenzaba sus cartas con la frase: "*Pablo, siervo de Jesucristo*".

Para quien es hijo de Dios, hacerse siervo de Jesucristo es un acto voluntario de sumisión; nadie te obliga a hacerlo. Al escribir a los corintios, Pablo dijo que, cuando eres libre y te conviertes en seguidor de Jesucristo, te vuelves Su esclavo. Pablo dice: "*Dios los ha comprado a ustedes; no permitan que otros hombres los hagan esclavos*" (1 Corintios 7:23).

El Nuevo Testamento utiliza una analogía muy conocida, el mercado de esclavos como figura de la humanidad, como hombres y mujeres que somos, hemos quedado atrapados en hábitos, formas de pensar incorrectas, en actos pecaminosos los cuales no pueden por su propia fuerza quebrar el yugo de nuestra esclavitud.

Pablo describe a Cristo como quien ha venido a comprar nuestra libertad convirtiéndose en el sacrificio mismo, ofreciendo Su vida para pagar el castigo por nuestro pecado. Su vida nos libera y nos hace nuevas personas.

Sin embargo, y ésta es la parte que muchos prefieren no asumir, llegamos a ser Suyos para entonces estar bajo Su mando. Pablo dice a los corintios: *"Ustedes no son sus propios dueños; fueron comprados por un precio"*.

Bill dice que desde aquel momento en lo adelante ya no tuvieron más problemas, sino sólo desafíos. Él era siervo de Jesucristo, y no hay dudas de que podía decir: "Es lo que más libertad me ha proporcionado de todo lo que me ha sucedido en la vida".

Los diez mandamientos para salir de las deudas y mantenerse sin ellas

- Harás que Dios, no el dinero, sea tu meta en la vida y la razón de tu existir.
- Vivirás en correspondencia con tus ingresos.
- Llevarás junto a tu cónyuge la carga de las finanzas.
- Resistirás la tentación de comprar impulsivamente.
- Evitarás las compras de productos no revalorizables por los cuales debas pagar intereses.
- Nunca pidas dinero prestado para comprar aquello que pronto pierde su valor.
- Harás buenas inversiones, pero evitarás toda idea de hacerte rico rápidamente.
- Demostrarás que lo que posees pertenece al Señor dándole a Él el 10% de tus ingresos.
- Tendrás en cuenta a los menos afortunados que tú.
- Acumularás tesoros en el cielo.

Una vez que hayas reconocido que tu dinero es un regalo de Dios y que tus necesidades económicas constituyen un motivo de interés para tu Padre celestial, eres liberado de una gran carga y una gran responsabilidad. Sin embargo, hay una cosa más que debo decir, algo que a menudo niegan los esposos cristianos.

Cuando te casas, haces un compromiso con la persona que está parada junto a ti en el altar; prometes permanecer junto a esa persona en los tiempos buenos, en los difíciles, en la enfermedad y cuando hay buena salud. El matrimonio es un compromiso, y *el dinero es parte del mismo*. El matrimonio constituye un compañerismo de dos partes iguales que todo comparten, ¡sin excepciones!

Nunca he visto en un buen matrimonio que haya división del dinero, el *de él* o el *de ella*. En Amós 3:3 aparece la siguiente pregunta: "*¿Pueden dos caminar juntos sin antes ponerse de acuerdo?*", y la respuesta esperada, la evidente, es: ¡No!

Al reconocer esto, mi esposa y yo hemos descubierto que uno de los secretos de un matrimonio feliz es tener una cuenta bancaria común, ¡en la que *yo deposito el dinero y ella lo extrae* (pero sé hacia dónde se dirige)!

En mi libro *Making Marriage Work* [Haciendo que el matrimonio funcione], hay un capítulo dedicado a desarrollar diez principios bíblicos de cómo manejar el dinero, los cuales te he presentado en este libro como "Los diez mandamientos para salir de las deudas y mantenerse sin ellas."

A continuación veamos algunas de las muy buenas preguntas que surgen a partir de necesidades económicas.

1. ¿Está mal ahorrar dinero? ¿Qué hay con los seguros?

Juan Wesley, el fundador del Metodismo, solía decir en cuanto al dinero: "Haz todo lo que puedas, ahorra todo lo que puedas, ¡y da todo lo que puedas!". Si lo haces, jamás carecerás de nada. Sin embargo en la actualidad tenemos la tendencia a gastar todo lo que podemos, dar lo menos posible y a no ahorrar nada porque estamos inseguros de si lo que podemos ahorrar tendrá algún valor cuando se dispare la inflación.

En cambio, ahorrar dinero es un principio bíblico. El libro de Proverbios reconoce a las hormigas, las cuales son criaturas bien pequeñitas, porque almacenan su comida en el verano antes que llegue el frío del invierno (Pr. 30:25). También es cierto que Jesús nos aconsejó que no acumulásemos tesoros en la tierra, "*donde la polilla y el óxido destruyen, y donde los ladrones se meten a robar*" (Mt. 6:19); sin embargo, Jesús también enseñó que el labrador guarda semillas para la cosecha (una forma de ahorrar) y también reconoce a los que planifican para el futuro.

El historiador británico Arnold Toynbee dijo que jamás ha existido una gran civilización en la que no haya habido heladas durante el invierno, porque sólo entonces la gente trabaja duro en el verano, recoge la cosecha y luego se prepara para el largo invierno, durante el cual no se puede cosechar.

Ahorrar dinero es además un paso frugal cuando se puede hacer porque inevitablemente vas a tener crisis o necesidades (incluyendo las emergencias), en las que tendrás que recurrir a algo, además de lo que puedan hacer tus familiares.

La pregunta sobre qué cantidad debes ahorrar es una pregunta práctica. Cuando vives casi al borde de la línea que marca la pobreza, no te preocupan tanto los ahorros como saber de dónde saldrán el arroz y los frijoles para tu próxima comida.

Sin embargo, si puedes poner al menos el diez por ciento de tus ingresos en algún tipo de inversión, te asombrarás de cuán rápidamente puede aumentar esa suma. Revisa en el banco de tu localidad las tasas en cuanto a oportunidades de inversión y las tasas de interés.

2. ¿Está bien que un cristiano solicite un préstamo por razones de vivienda? Si no es correcto, ¿pudiera aclararme más sobre esto?

El Nuevo Testamento dice: "*No tengan deudas pendientes con nadie, a no ser la de amarse unos a otros*" (Romanos 13:8). Por lo tanto, ¿acaso esto significa que debemos comprar una casa sólo si contamos con el dinero en efectivo para la compra? No necesariamente. ¿Por qué? Hacerte de tu propia casa no corresponde a la misma categoría que sacar un préstamo temporal con interés que te cuesta muchísimo.

A lo que la Biblia se opone es a la deuda que hipoteca tu futuro y te ocasiona vicisitudes económicas debido al interés que pagas por algo. Por lo general la compra de una casa es una inversión, no una deuda. Con el paso de los años, tu casa valdrá mucho más que cuando efectuaste la compra. En otras palabras, ¡la inversión que haces se revaloriza! Este es un buen negocio.

3. ¿Qué es mejor: alquilar una casa o pedir dinero prestado para comprar la de uno?

La respuesta a esta pregunta depende de tus ingresos y de la estabilidad de tu trabajo. En algunos casos, alquilar es tu única opción; sin embargo, si puedes realizar el pago de algo que sea tuyo, cada mes una parte de ese pago (el principal) será tuyo y aumentará mes tras mes, año tras año.

4. ¿Cuál es la prioridad: diezmar o pagar la deuda?

El octavo mandamiento en cuanto a salir de las deudas y mantenerse sin ellas es demostrar que reconoces que lo que tienes es un regalo del Señor devolviéndole a Él una décima parte de lo que Dios te ha dado. La Biblia lo denomina diezmo. Esta práctica se remonta a la época de Abraham, mucho antes de que se diera la ley en el Monte Sinaí. Después de la batalla con los reyes, Abraham dio una décima parte del botín, el diezmo, a Melquisedec, sacerdote que constituye un tipo de Cristo (Génesis 14 y Hebreos 5).

En los tiempos de Moisés, esto era lo estipulado: "*El diezmo de todo producto del campo, ya sea grano de los sembrados o fruto de los árboles, pertenece al Señor, pues le está consagrado*" (Levítico 27:30).

¿Acaso el Nuevo Testamento da seguimiento a la práctica del diezmo? Jesús reconoció a los fariseos por diezmar, aunque los reprendió por su hipocresía, mediante la cual negaban los aspectos más importantes de la justicia (Mateo 23:23). No obstante, el hecho que Jesús viniera a la tierra a redimirnos de nuestro pecado significa que todo lo que tenemos pertenece al Señor, no sólo la décima parte.

Pablo dijo: "*Ustedes no son sus propios dueños; fueron comprados por un precio*" (1 Corintios 6:19b-20a), y en esa misma carta indicó: "*El primer día de la semana, cada uno de ustedes aparte y guarde algún dinero conforme a sus ingresos, para que no se tengan que hacer colectas cuando yo vaya*" (1 Corintios 16:2). Esto significa que el modo de dar debería ser (1) sistemático, "*el primer día de la semana*", es decir, los domingos; (2) personal, "*cada uno de ustedes*"; y (3) proporcional, "*conforme a sus ingresos*".

Volviendo ahora a la pregunta sobre terminar el pago de las deudas o diezmar, puede que mi respuesta te sorprenda, pero basándome en lo que Pablo escribió, yo digo: "¡Paga tus deudas!". Vive el mensaje en el que crees siendo honesto en todo ante los ojos de todos los hombres, lo cual es parte de tu testimonio. Sal de la deuda, y luego demuestra no sólo que tú perteneces al Señor, sino también lo que posees, ¡y da!

5. ¿Tenemos que diezmar nuestros ingresos brutos o nuestros ingresos netos?

Existen tres razones por las que deberíamos dar de forma sistemática.

1. Deberías dar porque hacerlo es obedecer lo que enseñan las Escrituras. ¿Recuerdas la enseñanza de Pablo que se encuentra en 1 Corintios 16:2? "*El primer día de la semana, cada uno de ustedes aparte y guarde algún dinero conforme a sus ingresos, para que no se tengan que hacer colectas cuando yo vaya.*"

2. Dar hace que la bendición de Dios esté sobre tu vida. El motivo que te impulsa a dar no debería ser el hecho de recibir una bendición, sino el beneficio o la bendición que recibes mediante la obediencia. Jesús prometió algo; Él dijo:

"Den, y se les dará: se les echará en el regazo una medida llena, apretada, sacudida y desbordante. Porque con la medida que midan a otros, se les medirá a ustedes" (Lucas 6:38).

La única vez que la Biblia sugiere que "pruebes" a Dios es en relación con dar. En Malaquías 3:10, Dios prometió: "*Traigan íntegro el diezmo para los fondos del templo, y asíhabrá alimento en mi casa. Pruébenme en esto —dice el Señor Todopoderoso—, y vean si no abro las compuertas del cielo y derramo sobre ustedes bendición hasta que sobreabunde*".

3. Puedes contribuir a la difusión de las Buenas Nuevas. En resumen, no limites a Dios al pensar: "¿Cómo voy a dar tan poco y así satisfacer a Dios?". Lo importante no es cuánto das, sino cuánto te queda después de haber dado. Vas a descubrir que no puedes dar de más al Señor. Mientras más le des, mayores serán las bendiciones que Él derramará sobre tu vida, y a menudo será ese tipo de bendiciones que no pueden ser medidas en términos de dinero, bienes o servicios, sino bendiciones de felicidad, salud y gozo en el Señor. Nunca olvides que "*Dios ama al que da con alegría*" (2 Corintios 9:7).

6. Por favor, ¿pudiera explicar qué quiere decir con "usar el dinero como un arma"?

Permíteme explicarte refiriéndome al joven que, sin consultar nada con su esposa, salió y se compró una motocicleta *Honda*. Cuando llegó a la casa con ella, su esposa se quejó: "Juan, ¡pero no teníamos el dinero para esto! ¿De dónde lo sacaste?". Él lo había cargado a la nueva tarjeta de crédito que acababa de adquirir, y le dijo: "Ese es mi problema".

Lisa no estuvo de acuerdo y, al darse cuenta de que su nombre también aparecía en la tarjeta de crédito, pensó: "Si él puede hacerlo, yo también". Así que salió y se compró una máquina de coser eléctrica, y estas dos adquisiciones fueron los dos primeros detonantes de una guerra por el dinero, un factor contribuyente que al final destruyó su matrimonio.

El problema va más allá de gastar dinero; se trata de honrar la confianza de tu cónyuge. Cuando no se tiene en cuenta el compromiso que hicieron uno con el otro, pueden utilizar el dinero como un arma ya sea gastándolo o reteniéndolo.

7. Cierta compañía recibió un pago inicial por una solicitud. ¿Acaso es necesario que se dé inmediatamente el diezmo de lo que se recibió, aún si el producto no ha sido entregado aún?

Al igual que mi respuesta a la quinta pregunta, una vez más me baso en 1 Corintios 16:2. Por cuanto la entrada ahora forma parte de tus ingresos, es posible que quieras diezmar parte de ella. Sin embargo, si necesitas ese pago inicial para dar término a la solicitud de servicio, entonces te sugiero que esperes hasta que el proyecto se finalice y sea entregado.

Alguna personas ciertamente creen que si "pre-pagas" el diezmo (o cualquier cantidad que den al Señor), entonces Dios tendrá que darte más, pero la realidad es que lo que ofrezcamos no obliga a Dios a hacer nada. Dar significa reconocer que lo que tienes le pertenece a Él, y lo demuestras devolviéndole una porción.

8. Mi esposo está desempleado; yo soy quien está trabajando. ¿Tengo la responsabilidad de tener una declaración/registro financiero? Él insiste en controlar el dinero que yo gano y quiere que le dé dinero para sus gastos personales.

Me parece que estás considerando el dinero como "tuyo" o "de él", y que ahora su aporte en lo económico ha quedado bien reducido. ¿Recuerdas que ustedes dos son parte de una asociación, de un equipo? Cuando tu esposo estaba trabajando, ¿acaso él no proveía para ti y también para la casa? ¿Acaso no deberías tú beneficiarlo como él te benefició a ti?

Sospecho que parte del problema de tu esposo es que se siente culpable de no estar contribuyendo más a los ingresos de la familia. A la misma vez, cuando un esposo depende de la esposa en cuanto a las necesidades de su familia, se siente mutilado, y se va a pique su sentido de autoestima. He conocido a hombres que aunque son profesionales muy capaces, han quedado disponibles y sin poder encontrar trabajo. Cuando esto ha sucedido, han tenido que depender de sus esposas para el sustento y han llegado hasta la depresión. Esa espiral descendente de baja autoestima afecta todo aspecto de sus vidas, lo espiritual, lo emocional y lo físico.

Mi consejo es que los dos consideren todo el dinero como "nuestro" y que trabajen juntos en el presupuesto para que se pongan de acuerdo en cuanto a lo que van a invertir en las diferentes categorías, tales como la casa, la comida, la transportación, el tiempo de esparcimiento, las donaciones, etc. Una vez que hayan llegado a un acuerdo en cuanto a todo esto, honren ese acuerdo. No sean como la persona que elaboró un presupuesto y dijo: "Voy a vivir conforme a mi presupuesto aunque tenga que pedir dinero prestado".

9. ¿Qué es mejor para una mujer casada: trabajar fuera de la casa o desempeñarse como esposa y madre a tiempo completo? ¿El hecho que ella permanezca todo el tiempo en el hogar garantiza un mejor matrimonio?

Para la mayoría de las mujeres, trabajar fuera o dentro de la casa no constituye una opción, sino que esto lo determina la necesidad económica o la vocación personal.

La mayoría de las mujeres que asumen la responsabilidad de un trabajo fuera de la casa, así como la del cuidado de sus hijos y la casa, hacen un trabajo extraordinario al mantener un equilibrio entre ambas. Evidentemente si la mujer no tuviera tantas responsabilidades, tendría más tiempo para realizar algunas de las cosas que quisiera, pero en realidad no tiene el tiempo para hacerlo cuando está constantemente moviéndose entre la casa y el centro de trabajo.

No obstante, si la esposa puede trabajar desde su hogar o fuera de él durante las horas en que los hijos están en la escuela, de manera que pueda estar presente en la casa cuando ellos llegan, ella puede contar con lo mejor de los dos ámbitos.

Hay un asunto que no tiene que analizarse periódicamente, y es ¿realmente cuánto está ganando mi esposa trabajando? Esto significa analizar el costo de la ropa que ella necesita para ir a la oficina o el trabajo, del transporte, del cuidado de los niños o de la ayuda en los quehaceres de la casa, así como otros gastos colaterales (el arreglo del cabello y las uñas en el salón de belleza). Luego se debe restar toda esta inversión de su salario neto.

Conozco a una familia que echó el simple cálculo y llegó a la conclusión: "Oye, para esto no vale la pena tanto lío ni tanto alboroto". En resumidas cuentas, la esposa realmente ahorró dinero quedándose en casa y realizando algunos de los quehaceres domésticos por los que ella solía pagar.

Capítulo 3
PREGUNTAS SOBRE EL SEXO EN EL MATRIMONIO

Antes de analizar algunas de las preguntas sobre el lugar que ocupa el sexo en el hogar cristiano, quisiera resumir lo que dice la Biblia en cuanto a esta importante relación entre el esposo y la esposa.

La Biblia dice que Dios es el creador e iniciador del deseo sexual. En las primeras páginas de las Escrituras, en el libro de Génesis, tenemos la historia de amor de dos personas, nuestros primeros padres, quienes se unieron en una hermosa armonía disfrutándose el uno al otro y satisfaciendo sus necesidades mutuamente de tal manera que había unidad sin que se avergonzaran, además de que se complementaban el uno al otro.

Recuerda que cuando Dios puso a Adán en el huerto, él estuvo solo hasta que Eva se le unió como compañía, amiga, esposa y compañera. La Biblia hace alusión cinco veces a esta relación de ser "*una sola carne*", unidos emocional, física, y espiritualmente cuando ambos son creyentes. Se trata de una celebración, no simplemente de un deber o una necesidad. El regalo de Dios es hermoso; abusar de ese regalo lo hace volverse escabroso e incorrecto.

El psicólogo Dr. Henry Brandt escribe: "Dios creó todas las partes del cuerpo humano. Él no hizo algunas partes buenas y otras malas; las creó todas para bien, porque cuando hubo terminado su creación, '*Dios vio que todo lo que había hecho estaba muy bien*' (Gn. 1:31, DHH)". (Así lo cita Tim LaHaye en el libro *The Act of Marriage* (El acto matrimonial), pág. 15)

La Biblia enseña que el sexo es un instinto normal que debe ser plenamente satisfecho dentro del contexto del matrimonio. El Nuevo Testamento enseña: "*Todos deben considerar el matrimonio como algo muy valioso. El esposo y la esposa deben ser fieles el uno al otro, porque Dios castigará a los que tengan relaciones sexuales prohibidas y sean infieles en el matrimonio*" (Hebreos 13:4, BLS).

Muchos cristianos todavía no tienen conciencia de cómo Dios ve esta parte de nuestras vidas, porque hemos crecido en una sociedad en la que el sexo a menudo se asocia con la inmoralidad y la perversión, donde las personas piensan que el sexo es pecaminoso o un mal necesario. Las mujeres, en vez de disfrutar el hecho de proporcionar placer a sus esposos y permitirles que hagan lo mismo por ellas, sienten que es algo que se debe hacer para que el esposo no se descarríe. Lo cierto es que el sexo en el matrimonio es un placer ordenado por Dios ¡una celebración de amor y compromiso!

La Biblia dice que dentro del contexto de matrimonio, el sexo es la más profunda expresión de amor. La relación del esposo y la esposa (incluyendo la unión sexual) es una extraña aunque significativa representación de la relación mística que Cristo tiene con la iglesia. Es una representación de 1) compromiso, 2) amor, 3) cuidado/provisión y 4) fidelidad. Pablo aconseja a los esposos que amen a sus esposas así como Cristo amó a la iglesia y se dio a Sí mismo por ella (Efesios 5:25), y eso debería ser suficiente para satisfacer a cualquier mujer.

La Biblia incluye los privilegios sexuales como parte del compromiso que tenemos mutuamente en el matrimonio. En la carta de Pablo a los corintios, donde habla del amor y el matrimonio, él se refiere a esto.

Lo siguiente resume 1 Corintios 7:1-4:

Cada uno pertenece al otro, y ambos al Señor.

Ambos tienen necesidades sexuales que deberían ser satisfechas.

Al casarse, ambos ceden el control de su cuerpo.

No satisfacer esas necesidades da lugar al pecado y crea un vacío que a menudo conlleva a las consecuencias de la tentación y al fracaso marital.

La Biblia hace énfasis en la intimidad del sexo en el matrimonio. De todas las relaciones que tenemos en la vida, ninguna es más personal, más profunda ni más emocional que tener sexo con alguien, y por consiguiente, cuando se traiciona la confianza, no hay nada que nos perturbe tanto como eso o nos haga sentir totalmente expuestos y desnudos. Pablo hace esta pregunta: "*¿O no sabéis que el que se une a una ramera es un cuerpo con ella? Porque Él dice: Los dos vendrán a ser una sola carne*" (1 Corintios 6:16, LBLA). Lo mismo se cumple cuando hay intimidad con cualquiera que no sea tu esposo o esposa.

Desde el año 1974 Darlene y yo hemos dirigido seminarios de matrimonio, y la mayoría de las sesiones van acompañadas de preguntas y respuestas. En ocasiones he escuchado a esposas describir con lujo de detalles los fracasos maritales de sus esposos, mientras el esposo (sentado a su lado) se achica en su asiento avergonzado por la revelación explícita que su esposa estaba haciendo.

A algunas mujeres parece que les deleita compartir con otros detalles íntimos del fallo de su esposo, quienes a su vez también los comparten con más personas. ¡No lo hagas! Ello traiciona la intimidad que anhelas y resquebraja la unidad de la que disfrutan como cónyuges. Cuando lo haces, conviertes a tu esposo en el chivo expiatorio de tus propias batallas emocionales y disfrutas que él quede como payaso o mujeriego, además de ser el reflejo de tu propia incapacidad para mantenerlo contento y un recordatorio de tu mal juicio. Recuerda, ¡tú estuviste de acuerdo en casarte con él!

La Biblia enfatiza la responsabilidad de los padres de proporcionar educación sexual a sus hijos. Esto es algo muy importante en el proceso de ser padres, algo que elimina todo mal entendido y ayuda al joven a desarrollar una perspectiva cristiana del sexo, algo que tanto se necesita en estos tiempos de sexualidad declarada.

Pasemos ahora a analizar preguntas en específico.

1. ¿Qué es lo "normal" en cuanto a las relaciones maritales? ¿Lo que le parece "normal" a mi esposo no es lo mismo que yo considero normal?

Para dar respuesta a esta pregunta, primero reflexiono qué es lo que dice la Biblia al respecto. He resumido brevemente el hecho que Dios nos hizo seres sexuales, y además proveyó los medios para que tuviéramos una expresión sexual libre y adecuada en el matrimonio. Él bendice este aspecto de la vida y aun nos exhorta que nos satisfagamos mutuamente en el matrimonio; sin embargo, y aquí es donde el debate toma otro rumbo, no se explica más para instruir a la pareja sobre *cómo hacerlo*.

¿Por qué? La Biblia es un libro transcultural; trasciende toda generación y todo siglo. Dios nos dio un solo libro, no uno para los palestinos del primer siglo y otro para los romanos; uno para los chinos y otro para los hispanos, y así sucesivamente. Aunque las culturas y hasta las prácticas sexuales pueden tener diferencias, y de hecho se diferencian, el estándar de Dios en cuanto a la moralidad (que el esposo y la esposa estén comprometidos y permanezcan fieles uno al otro) sigue siendo invariable.

La segunda observación que me gustaría hacer es que la Biblia es también contracultural. Lo que quiero decir es que el recuento de la historia registrada consta de 6000 años de depravación moral y sensualidad, en los que la mayor parte de la sociedad se ha rebelado contra lo que Dios ha establecido. Desde los tiempos de Sodoma, cuando los hombres se encendían en su lascivia con otros hombres, hasta el presente, mucho de lo que la sociedad acepta, incluyendo la infidelidad y el sexo ocasional, no se corresponde con lo que establece la Biblia. Casi siempre lo que Dios dice que debemos hacer y lo que la sociedad practica se oponen entre sí.

También tengo en cuenta que estamos viviendo en una sociedad saturada de sexo donde prolifera la pornografía, los valores cristianos son considerados anticuados, y se hace alarde de la indecencia. Sin embargo, hay dos personas, un hombre y una mujer, que han unido sus vidas y sus cuerpos en matrimonio. Cuando se casaron, ambos sabían que el otro era diferente, al menos eran diferentes desde el punto de vista sexual. Cada uno tenía lo que otro deseaba, pero la mayor parte del tiempo los hombres y las mujeres no se percatan de cuán diferentes somos, emocional, física y hasta espiritualmente.

Estas diferencias se acentúan mucho más cuando nos desvestimos y vemos la otra persona. A los hombres los mueve lo que ven. Para ellos el sexo es crudo, al descubierto y sencillo.

Sin embargo, para las mujeres es como si no estuviesen muy interesadas en el viaje, sino en llegar a su destino. El sexo abarca la totalidad de sus emociones y sentimientos, no sólo los quince segundos de terremoto en que culmina el acto sexual.

¿Qué es "normal" en cuanto a la expresión sexual? ¿Y significa lo mismo para la esposa que para el esposo? Para responder esta pregunta, te recordaría que el amor es un compromiso de ambas partes, en el que se quiere satisfacer las necesidades mutuamente de tal manera que demuestras y reafirmas tu amor, no lo ahogas. La regla general que sugerimos es la siguiente: todo lo que es aceptado mutuamente por ambos y no haga sentir a la otra persona obscena, degradada o usada, es perfectamente aceptable al celebrar su amor. Pero si algo es realmente desagradable y repulsivo, sobre todo porque hace sentir a la esposa que está siendo usada o simplemente porque está brindando su cuerpo para que el esposo disfrute la fantasía de estar amando a otra, se trata de algo incorrecto y debe interrumpirse. La mujer que dijo: "Mi esposo no puede hacerme el amor sin colocar a mi lado el afiche central de una revista pornográfica sobre la almohada", entiende cuánto eso degrada la relación por completo y la hace sentir que es sencillamente un sustituto de su fantasía.

Casi siempre, cuando damos un seminario que toca el tema de la sexualidad, surge la pregunta del sexo oral, algo que parece más bien algo "masculino" que femenino. No se trata tanto de que sea correcto o incorrecto, como de que para algunas personas es desagradable y hasta repulsivo. Volviendo a la regla de "lo que es aceptado por ambos", debes hablar sobre lo que te hace sentir bien en tu relación y lo que va más allá de ese punto. Una vez que hayan llegado a un acuerdo, el asunto está arreglado.

A menudo me he preguntado, de no haber existido la pornografía, si ese asunto hubiera surgido alguna vez. ¿Quién sabe? Puede haber espontaneidad y creatividad, las cuales impiden que el sexo se vuelva aburrido o rutinario, aparte de las prácticas que uno o el otro desdeñan.

Enfóquense en expresar amor para que cada uno de los dos se satisfaga y se sienta amado. Esto significa mantener el tipo de relación en la que el esposo ama a la esposa como Cristo amó a la iglesia.

2. ¿Con qué frecuencia debo tener sexo con mi esposo para impedir que se descarríe?

¡No has entendido el propósito de las relaciones sexuales! No es impedir que tu esposo se descarríe, ni sólo para traer hijos al mundo y después "regalarlos" o sencillamente "abandonarlos". La relación sexual es una celebración. Nunca estás más cerca de alguien que cuando los dos unen sus almas, cuerpos y espíritus abrazándose en intimidad.

En su libro *The Proper Care and Feeding of Husbands* [El cuidado y la alimentación adecuados para los esposos], la Dr. Laura Schlessinger, presentadora de programas de entrevistas, alega: "Lo más importante que una esposa puede dar a su esposo es ella misma; por lo tanto, esa 'ella' debe ser bien atendida y después compartida. Es muy maravilloso que la esposa limpie la casa, lleve los hijos a todas partes o debata sobre un caso judicial importante, pero nada de eso es darse a su esposo".[3] Mujer, tu esposo te quiere a ti, no el afiche central de una revista de sexo ni la elegante y sexy gatica cuya foto exhiben en algunos carteles que puedes ver mientras vas manejando. Tú no estás compitiendo con ninguna de ellas. Eres deseada, necesitada y amada. A tu esposo le estimula y le activa sexualmente verte, verte completa, desde todos los ángulos.

Recuerda, tú te entregaste a él en el altar, y él también te considera el regalo de Dios para su vida. Por supuesto, a tu esposo le encanta verte bien vestida cuando sales en público, pero también le gusta verte arreglada sólo para él (con algo que usas sólo en tu habitación). Tú eres su sueño y realidad a la vez, ¡todo eso encarnado en una sola persona!

¡No le niegues la envoltura del regalo!

Él no sólo te necesita a ti, sino que tú lo necesites, así que, cuando lo rechazas, lo laceras y lo haces sufrir. En su best-seller *Salvaje de corazón*, John Eldredge escribe:

"Si un hombre no encuentra aquellas cosas para las cuales su corazón está hecho... las buscará en algún otro lugar... Se inclinará hacia la imitación. Lo que hace que la pornografía sea tan adictiva es que, más que cualquier otra cosa en la vida

3 Laura Schlessinger, *The Proper Care and Feeding of Husbands*, (New York: Harper Collins Publishers, 2004), pág. 122.

de un hombre perdido, lo hace *sentir* como un hombre sin que se exija nada de él. Mientras menos se sienta como un hombre real en presencia de una mujer real, más vulnerable es a la pornografía."[4]

Cuando te preocupas por cuántas veces debes tener sexo con tu esposo para que no se descarríe, te estás perdiendo la intimidad emocional que puedes sentir cuando se acurrucan, se abrazan, cuando sencillamente estás al lado de la persona a quien amas y a quien le importas. Hay más sexualidad aún de la que has podido descubrir hasta ahora, así que dedícate a tu relación. No te vas a arrepentir de haberlo hecho, y te asombrarás de cuánto él cambiará cuando también tú cambies de actitud.

3. ¿Qué puede aconsejar a una mujer que no está interesada en el sexo y para quien la intimidad sexual resulta prácticamente dañina emocionalmente? ¿Qué hay con sus necesidades emocionales? ¿Es egoísta de parte de mi esposo que insista en tener sexo aunque le haya dicho que no lo disfruto? ¿No debería él respetar más mis deseos y mis necesidades emocionales?

Estás ignorando que las necesidades emocionales existen en ambos lados de la cama, tanto las suyas como las tuyas. Parece que sólo estás pensando en ti. Lo que es dañino emocionalmente es tu falta de intimidad sexual, y hay una causa fundamental que va más allá de lo físico. Algo desconocido para ti (tal vez hayan abusado sexualmente de tu persona o creciste en un hogar sin amor en el que tu madre detestaba a tu padre, lo cual fue transferido a ti) está4. desconectando tus emociones y la relación con tu esposo.

Una de las necesidades emocionales del hombre es sentir que su esposa lo desea y, cuando sienten rechazo, no sólo se

4 John Eldredge, *Wild at Heart* (*Salvaje de corazón*) (Nashville, TN: Thomas Nelson, 2001), pág. 44.

irritan y frustran sexualmente, sino también se ve agredida su masculinidad.

Tengo una sugerencia. Aunque sea sólo una vez, olvídate de que no te interesa el sexo y seduce a tu esposo con pasión. En el proceso lánzate por completo a brindarle placer y mira cómo respondes emocionalmente. Está bien soltarte y disfrutar lo que estés haciendo. Si estás tan emocionada como un pescado muerto, sin lugar a dudas él también perderá su interés por ti. Si tu esposo está comprometido contigo, permanecerá a tu lado, pero te estarás perdiendo la intimidad y la unidad que Dios diseñó para tu matrimonio.

Si hay algo que está obstaculizando la intimidad, deben conversar al respecto, resolverlo y dejarlo en el pasado. Puede que esto requiera de ayuda y consejería. Vale la pena todo lo que se deba hacer para derribar las barreras en la intimidad.

4. Mi esposo es dueño de la compañía en la que trabaja y tiene que viajar mucho. Cuando regresa a casa, está muy cansado y se duerme después de la comida. A mí me avergüenza reconocerlo, pero he estado hablando con un amigo que trabaja con nosotros, un recién graduado que se identifica conmigo y comprende mucho más mis necesidades y sentimientos que mi esposo, a quien ya no le importan. Todavía no he tenido sexo con mi amigo, pero no estamos lejos de hacerlo. Me siento atraída hacia él, aunque siento que quizás lo que estoy haciendo no es correcto. ¿Tiene mi esposo la culpa de esto? ¿Qué debería hacer yo?

En estos momentos eres candidata para una aventura, y debatiré esto con más detalle en la sección sobre infidelidad; sin embargo, me gustaría comentar sobre tu pregunta en relación con lo que no está sucediendo con tu esposo. Tú estás disfrutando los beneficios de su trabajo, el cual lo deja cansado y exhausto; sin embargo, no estoy seguro de que estés siendo justa al culparlo por no tener interés sexual.

A menos que tu esposo en realidad tenga un problema físico (lo cual es poco probable), si te presentas ante él con una ropa seductora y provocativa, lo tocas, lo escuchas y hasta le ofreces una fricción en la espalda, creo que te vas a asombrar mucho de cómo reaccionará, y descubrirás que aún estás casada con un tigre.

No le eches la culpa a tu esposo de tu debilidad al sentirte atraída hacia otro. Antes de tocar a alguien más o permitirle a esa persona que te toque, cometes infidelidad emocional. Creo que es ahí donde te encuentras, pero no es demasiado tarde para regresar y volverte a conectar con el hombre que Dios escogió para tu vida.

5. ¿Qué puede decir sobre el control de la natalidad? ¿Está bien para Dios?

Puede que mi respuesta te sorprenda, pero todos los grupos religiosos, católicos, judíos, protestantes y ortodoxos, están de acuerdo en que la planificación familiar es correcta; lo que provoca desacuerdos es el método que se utilice. Esto es un asunto personal entre tú y tu conciencia. Sin embargo, en ninguno de los casos el aborto constituye un método legítimo de planificación familiar.

El plan de Dios es que el esposo y la esposa tengan intimidad. De hecho, nos dice que no debemos privarnos de tener relaciones sexuales, a menos que sea para un tiempo dedicado a la oración (1 Corintios 7:4-5), y luego debemos volvernos a unir para que Satanás no nos tiente. La consecuencia de esta unión en la mayoría de las circunstancias es la concepción, pero no hay ningún indicio en las Escrituras de que las parejas sólo deban tener relaciones sexuales para traer hijos al mundo.

Sin embargo, lamento que haya parejas que decidan no tener hijos, y hay algunas que por su estilo han tomado esa decisión. Hubo una pareja que, después de escucharme hablar, se me acercó y me dijo: "Hemos tomado la decisión de no tener hijos".

Algo sorprendido y desconcertado, les pregunté: "¿Les molestaría que les preguntara qué tienen en contra de los hijos?". Entonces ellos mencionaron la cantidad de delito y violencia que hay en el mundo, lo difícil que resulta criar hijos a la manera de Dios, así como las complicaciones y los desafíos que implicaría para su estilo de vida, razones que he escuchado muchísimas veces desde entonces.

A pesar de cuáles puedan ser los desafíos que enfrentan los padres, no tener hijos cuando pudieras tenerlos te priva de uno de los mayores gozos de la vida: verte reproducido(a) en los hijos alegres y sonrientes que has traído al mundo. Es cierto que criar hijos es desafiante debido a la época en que vivimos, pero ¿qué generación en la historia ha tenido jamás el privilegio de decidir cuándo criar a sus hijos? A pesar de cómo sea la cultura mundial, la gracia de Dios y la fortaleza de tu hogar pueden compensar la decadencia de nuestra época.

Sin embargo, en la actualidad se hace cada vez más difícil tener hijos desde el punto de vista físico. En la generación anterior una de cada diez familias tenía que enfrentar la infertilidad; hoy en día la proporción es de una por cada 8,5 parejas. ¿Por qué? En algunos casos es porque las parejas se están casando a una edad más avanzada, y están pensando más en serio en cuanto a tener familia cuando están bien avanzados en sus treinta años o ya en los cuarenta. También están los factores desconocidos, entre los que pueden incluirse la estratósfera, con lo que fumigamos nuestras cosechas, así como lo que bebemos en el agua y respiramos en el aire.

No obstante, cada hijo es un regalo del Señor. El Salmo 127:3 dice que los hijos son "*una recompensa*" del Señor, y añade en el versículo 4 y 5a: "*Como flechas en las manos del guerrero son los hijos de la juventud. Dichosos los que llenan su aljaba con esta clase de flechas*".

La pregunta de qué es lo que constituye una aljaba llena, sin embargo, es un asunto que concierne sólo a dos personas, el esposo y la esposa.

¿Qué factores se han de tener en cuenta en la planificación familiar? Una serie de ellos, entre los que se encuentran la salud de la esposa, el estatus económico de la pareja, su elasticidad emocional en la crianza de los hijos, y ciertamente su capacidad para dedicarles tiempo, atención, dirección, y para amarlos.

Me gustaría recordarte que no son otras personas quienes tienen la responsabilidad de criar a tu descendencia. ¡Eres tú! Y es por eso que éste constituye un asunto personal, en el cual es importante averiguar cuál es la voluntad y el propósito de Dios.

Capítulo 4
EL ADULTERIO Y LA RESTAURACIÓN DE LAS RELACIONES

Mi esposa y yo acabábamos de subir a bordo de un vuelo que salía de Ámsterdam. Sentado junto a nosotros estaba un joven de alrededor de 25 años de edad. Era imposible pasar por alto la brillante portada de la revista que él había escogido, en la cual aparecía una hermosa joven en bikini al lado de un joven admirable. El anuncio decía: "¡Sexo en la playa!". El seductor ambiente tropical lo hace parecer muy natural, muy hermoso y muy espontáneo, pero lo que la revista, los medios y el mensaje de nuestra cultura no te dicen es que el sexo *no es ocasional, no es con cualquiera, y ciertamente no deja de acarrear consecuencias,* aunque seas soltero(a) o estés casado(a).

Para la pareja en la que ambos cónyuges están comprometidos en el matrimonio, el sexo es una celebración hermosa y sagrada del amor que Dios inició en el huerto hace muchísimo tiempo, pero fuera del matrimonio, la relación tiene ramificaciones que pocos asumen, sobre todo aquellos que sumidos en la pasión piensan que el sexo es sólo un pasatiempo que nuestra cultura excusa o pasa por alto, o algo en lo que puedes caer para demostrar tu masculinidad. El sexo es hermoso y poderoso, pero, si se abusa de él, puede llegar a ser peligroso y mortal.

A continuación explicamos por qué.

Hecho #1: En todas las relaciones de la vida nada como el sexo abarca tanto la totalidad de tus emociones, tu físico

y hasta tu vida espiritual. Hay una unión que tiene lugar en cualquier relación sexual, sobre todo para las mujeres, que es parte del plan y propósito de Dios, pero cuando se abusa de ella teniendo sexo ocasional, las consecuencias te hieren emocionalmente. Ninguna otra relación en la vida que deba ser rota es tan dolorosa ni difícil para sobreponerse. Por haber sido creado(a) a la imagen de Dios, tienes emociones y sentimientos que te hacen diferente de los animales del establo, que siguen sus instintos y bajas pasiones. Esa unión emocional no fue una casualidad evolutiva. Fue parte del propósito de Dios para asegurar la continuidad del matrimonio y garantizar que en todo momento los hijos tuviesen mamá y papá.

Hecho #2: Los medios hacen que todo lo relacionado con la infidelidad sea tan común, que uno puede suponer que la norma es tener una relación con cualquiera que no sea el esposo o la esposa. Por cada relación sexual presentada en los medios entre dos adultos, sólo una de catorce corresponde a una pareja de casados. En los últimos cincuenta años, nuestra cultura ha sufrido una revolución sexual a medida que las relaciones tradicionales han sido reemplazadas por las que son a corto plazo y carecen de compromiso. En 1953, el sexólogo estadounidense Alfred Kinsey informó que un tercio de todos los esposos eran infieles antes de los 40 años. Hoy en día, esa cifra es mucho mayor, y las mujeres, que por lo general tardan más en abandonar los valores tradicionales, no sólo se han puesto al día, sino que muchas piensan que han sobrepasado a los hombres en la categoría del sexo ocasional y la infidelidad en el matrimonio.

Hecho #3: Nada contribuye más al divorcio que la infidelidad. Nada resquebraja más una relación que ha estado consolidada por el compromiso y la pureza, y que haya sido celebrada públicamente por el acto matrimonial, que la ruptura de esa relación por adulterio. En la mayoría de los casos, la infidelidad destruye el matrimonio. Puedes preguntarle a cualquier consejero matrimonial, a cualquier pastor, hasta a cualquier cantinero, y vas a oír la misma respuesta. Para la mayoría, el perdón no es una opción que tendrían en cuenta. En el 85% de los matrimonios donde hay infidelidad, al final esta brecha en la confianza resulta en un hogar destruido. No importa cuán liberales o de mente abierta pensemos que somos, cuando se trata de que nuestro cónyuge comparta con otra persona el favor sexual, nuestra mente abierta se va por la ventana cuando alguien "de mente abierta" está haciendo una jugada para tu esposo.

1. ¿Por qué los hombres dicen "te amo" y aun así cometen adulterio? Si tú dices que amas a tu esposa, entonces ¿por qué quieres herirla, romper su corazón en mil pedazos y traicionar su confianza?

Responder esta pregunta cuando quien la hace es una mujer cuyo mundo de repente ha sido destrozado por el mismo que le prometió, ante de Dios y los testigos que asistieron a la boda, que se mantendría fiel totalmente para ella, es algo extremadamente difícil.

Al intentar dar respuesta a esta pregunta, deja que tu mente reflexione acerca de una situación que ocurrió hace tiempo, pero que es tan moderna como el más reciente escándalo. Sucede que un poderoso y atractivo hombre pone su vista en una hermosa mujer que está cerca bañándose desnuda, y él, impulsado por el deseo, tiene una aventura con ella, lo cual además trae como consecuencia que se las ingenie para causar la muerte de su esposo, para después poder tomarla como esposa.

Lo recuerdas. Su nombre era David, el hombre que había salido a pelear contra Goliat, el mismo que es reconocido por Dios por ser un hombre conforme a Su corazón. ¡Este reconocimiento no se le hace a más ninguno! Él es de gran valor a los ojos de Dios.

¿Por qué David tomó la esposa de otro? De hecho, si David hubiese estado donde le correspondía (con las tropas en la batalla), él no habría fallado. Muchos hombres han caído sencillamente porque, al igual que David, han estado en el lugar indebido a la hora equivocada.

¿Acaso fue porque David estaba sediento de sexo? No. Ya él había tomado por esposas a Mical y Abigail, así que eso hay que descartarlo.

¿Fue porque David no sabía que no tenía derecho a tomarla? No, él conocía la ley y además sabía que no la merecía.

Aunque eso no justifica lo que hizo, hay otra historia en el Antiguo Testamento que bosqueja claramente la progresión de la infidelidad.

La historia se encuentra en el libro de Josué, capítulo 7. Después de la caída de Jericó, cuando las murallas de la ciudad se derrumbaron y Dios dio a aquellos 300 guerreros una victoria tan aplastante que se dieron cuenta de que sólo Dios pudo haberlo hecho, Josué decidió enviar el ejército a Hai y tomar la ciudad, pero éste era un lugar pequeño en comparación con Jericó.

"No necesitamos a todo el ejército", pensó. Por eso mandó sólo a 3000 hombres de sus tropas. En vez de obtener la victoria, fueron eliminados 36 de ellos, y Josué quedó horrorizado. Los hombres de Hai no sólo los derrotaron, sino persiguieron al ejército como un campesino lo hubiera hecho con un bando de chiquillos que hubieran robado sus manzanas.

Josué rasgó sus vestiduras y se postró sobre su rostro contrito delante de Dios. Esto era algo serio. Dios lo mandó a traer al pueblo a Su presencia tribu por tribu, clan por clan y familia por familia.

Finalmente un descendiente de Zera, de la tribu de Judá, estuvo delante de Josué. Su nombre era Acán, un nombre que ha quedado en la historia por su infamia. Josué le ordenó: "*Cuéntame lo que has hecho. ¡No me ocultes nada!*". En la vergonzosa confesión que hizo, hay tres frases reveladoras:

"*vi... los codicié... y los tomé*" (ver Josué 7:20,21, LBLA). En su caso, él vio un hermoso manto babilónico, una bolsa de dinero y una barra de oro, los cuales codició... y tomó.

Esas tres acciones, "*vi... codicié... y tomé*", también describen la caída de David, así como registran los terribles actos de infidelidad de personas en la actualidad sin ningún tipo de lógica ni razón.

"¿Cómo pudiste hacerme esto?", gritan las mujeres a sus esposos con amargas lágrimas rodando por sus mejillas, y los hombres, movidos por la culpa, responden entre dientes: "¡No sé!".

A esto le sigue la pregunta llena de confusión y profundo pesar: "Dime; sólo dame una sola razón de por qué has hecho esto", y el esposo contrito tropieza con las palabras: "Yo no sé. Si realmente lo supiera, te lo diría".

En algunos casos es porque el amor de dos personas que una vez ardía fuerte se ha enfriado, *pero no siempre sucede así.* En otros casos es porque otra mujer se le ofreció demasiado, y el hombre, en un momento de pasión, sencillamente no pensó en las consecuencias, *pero no siempre sucede así.*

En resumidas cuentas, hay momentos en que las cosas suceden, cosas que son vergonzosas, las mismas que condenamos en otros, cosas que sólo si las pensáramos un momento jamás caeríamos en ellas, pero aun así las hacemos.

No por gusto Pablo aconsejó: "*Por eso, que nadie se sienta seguro de que no va a pecar, pues puede ser el primero en pecar*" (1 Corintios 10:12, BLS).

Sin embargo, hay individuos que a menudo se embarcan en aventuras con un sentimiento incómodo de hacia dónde están dirigiéndose, sin pensar realmente hasta el final.

Varias de las cuestiones a las que me he estado refiriendo, la falta de comunicación, ningún interés en la intimidad, que un esposo esté demasiado cansado para demostrar la suficiente atención a la esposa – constituyen las banderas rojas que anuncian: "¡Eres candidato para tener una *affaire*".

Existen tres etapas que conducen a una aventura:

Paso #1, El resentimiento hacia el cónyuge. Esto puede darse en todo tipo de formas y versiones. La esposa se lamenta por la atención que su esposo le está brindando a alguien más. El esposo se lamenta porque su esposa no tiene tiempo para él. La esposa se queja por la cantidad de tiempo que su esposo pasa con la secretaria o compañera de negocios ("Esto es cuestión de negocios solamente" – él o ella responde cuando le comentas sobre las ocasiones en que permanecen juntos uno al otro).

Un esposo que había estado casado con la misma mujer durante más de 25 años dejó boquiabierto a todo el que lo conocía cuando se permitió involucrarse con otra mujer. "Mi esposa contantemente me decía lo que estaba haciendo mal, y me cansé de eso", explicó, además de añadir, "pero cuando conocí a… (la otra) en el club y le conté lo que me estaba pasando en el trabajo, todo el estrés al que estoy sometido, ella me escuchó sin regañarme."

Pero a medida que aumenta el resentimiento, la situación va escalando hacia otro nivel.

Paso #2, La racionalización. "Me merecía más de lo que estaba recibiendo", me explicó un hombre. Casi siempre podemos racionalizar nuestra conducta aunque nos merezcamos o no lo que pensamos. Una mujer que vino a hablar conmigo me explicó que ella intencionalmente se puso a andar con un amigo de la familia "para vengarse" de su esposo, quien también había tenido una aventura. Ella me dijo: "Quería hacerlo sufrir al menos la mitad de lo que yo sufrí". ¿Acaso descubrió que "darle una taza de su propio chocolate" le ayudaba a sanar su herida? En lo absoluto; sólo la dejó más lastimada y con un mayor sentimiento de culpa.

Un padre, que a su vez era un exitoso hombre de negocios, se sentó conmigo y con sus cuatro hijas, las cuales estaban consternadas al enterarse de que su papá había traicionado a su madre y estaba a punto de casarse con una mujer de la edad de ellas. Él racionalizó lo que había hecho diciendo lo siguiente: "No tienen nada de qué quejarse. Siempre he provisto para ustedes, así que lo que yo haga no es asunto de ustedes".

Paso #3, La cita. Se encuentran para almorzar y conversan. La mano que está colocada suavemente sobre la tuya mientras estás en el restaurante te hace sentir bien. Es un cálido toque humano, algo que no has sentido en mucho tiempo. La otra persona escucha y te apoya. Él o ella parece entenderte, ¡y eso te gusta!

Trabajas más tiempo en la oficina para poder estar cerca de tu compañero(a) de trabajo. Estás de acuerdo en ir al viaje de negocios a Hong Kong con tu jefe (para la convención de ventas), y te das cuenta sin que te lo diga que te ha invitado porque le gustaría disfrutar de tu compañía. Te sientes halagada, emocionada y un poco asustada de la misma manera que te sentías cuando eras niña y saltabas del trampolín de salto alto.

La atracción de las aventuras es una extraña paradoja de una fantasía irreal.

El fruto prohibido es emocionante, con frecuencia una aventura resulta más satisfactoria sexualmente. Te excitas de nuevas maneras. Te sientes seguro(a) de que nadie podría ser más emocionante que tu nueva pareja de sexo.

- Se alimentan mutuamente del sufrimiento de cada uno.
- Ambos ignoran las faltas de cada uno.
- Despilfarras dinero con esa persona.
- Te niegas a pensar en el mañana.

Pero el mañana llega, y cuando llegue habrá un día para ajustar las cuentas. "*Tened por seguro que vuestro pecado os alcanzará*", dice Números 32:23.

Puede ser una falta en la tarjeta de crédito, una llamada telefónica, un mensaje de texto que tu cónyuge encuentre al tomar prestado tu teléfono, la marca de creyón labial en tu pañuelo o algo que tu cónyuge encuentre en el asiento trasero de tu carro, lo cual indica claramente que algo puede haber sucedido, algo que tendrás que explicar.

Cuando tu cónyuge finalmente se entera de que has faltado a tu compromiso, se siente un impacto, repugnancia, dolor, falta de confianza, traición, ira, hostilidad y heridas en el corazón que jamás saldrían en un angiograma. No hay palabras para describir el dolor que ha desgarrado el corazón y la vida de tu esposa o esposo.

Cuando tomas una piedra grande y la lanzas al agua, se hace una primera salpicadura a medida que la piedra va entrando en el agua, pero entonces se hacen una decena de salpicaduras más que siguen a la primera. Así mismo sucede cuando se descubre el bombazo de la infidelidad.

"¿Puede salvarse este matrimonio?", es la pregunta de la portada de una revista que te encuentras en el estanquillo. Hay buenas noticias. Aunque la amplia mayoría de los matrimonios al final fracasan cuando hay infidelidad, los matrimonios pueden ser rescatados con un esfuerzo minucioso, rebuscando el alma y reedificando al paciente. Recuerda que cuando un hueso se fractura, duele, pero cuando llega a sanar, es más fuerte que antes, y esta misma analogía se cumple para aquellos que estén dispuestos a perseverar a través del a veces largo y arduo proceso de la reedificación. Hay cuatro pasos para la salvación de un matrimonio, los cuales son bien difíciles, pero que a la vez pueden brindar sanidad e integridad.

Paso #4: Confesar y renunciar a la relación. Esto significa que el que ha sido infiel rompe su relación con la otra persona completamente y de una vez por todas. Mientras la persona siga mirando fotos, notas, cartas, números telefónicos, correos electrónicos o cualquier cosa relacionada con la aventura, él o ella sencillamente trata de mitigar la ira y de que las cosas se enfríen hasta poder repetir lo que ha estado haciendo.

A menos que la persona que ha ofendido a su cónyuge esté dispuesta a renunciar a su aventura, no hay esperanza para el futuro. Es preciso que haya una confesión ante el cónyuge con absoluta honestidad, como con Dios.

Realmente, casi siempre es más fácil derramar tu corazón en oración, pidiendo perdón a Dios y reconociendo que él ha prometido perdonar nuestros pecados y limpiarnos de nuestras iniquidades (1 Juan 1:9), y levantarnos de nuestras rodillas sintiéndonos perdonados y habiendo sido limpiados, en vez de procurar el perdón de nuestro cónyuge.

"¿Hasta dónde debería contar a mi esposa o esposo?", es una pregunta válida. Hasta tanto sea necesario para reconocer tu falta. Los detalles sórdidos no son importantes. Si tú eres la parte que ha sido ofendida, es mejor no presionar para que se te recuente detalle a detalle lo sucedido. Los detalles sólo lastimarán y darán lugar a recuerdos negativos que te acompañarán por el resto de tu vida.

"¿Cómo pudiste llevarla a un lugar como ese? ¡Tú jamás me llevaste a mí!" Hay algunas cosas que es mejor no decirlas ni que se sepan.

Si los hijos no tienen conocimiento de lo sucedido, no hay necesidad de imponerles esa carga. Ellos no van a entender; sólo saben que mamá y papá están bien molestos entre sí y se preguntan si ellos han hecho algo mal. Por muy duro que pueda ser, trata de no darles participación ni usarlos para vengarte del ofensor.

"¿Cómo rompo con la otra mujer?" Para los hombres esto es más difícil que para las mujeres. Sin embargo, hasta que no se haya roto por completo y para siempre con la otra persona, tu matrimonio no podrá mejorar, sino que seguirá descendiendo en la espiral. Si te importan tu esposa e hijos, ¡cierra la puerta y quítale el picaporte! Elimina ese número de tu celular y destruye todo vestigio que pueda servir de recordatorio. No hay forma de enfatizar en esto lo suficiente.

Paso #5: Arrepiéntete de lo mal hecho. Decir entre dientes: "Lo siento" no va a servir de nada. Considerar la infidelidad como "un error" o "una mala decisión" se queda corta para lo que realmente es. Hay que llamarla "pecado", como lo hizo David. El Salmo 51 es la expresión del corazón de David al derramar su alma en la presencia de Dios luego de su aventura con Betsabé. Él exclamó: "*Yo reconozco mis transgresiones; siempre tengo presente mi pecado*". Dedica tiempo para leer y estudiar este salmo, en el que encontrarás nueve plegarias que reflejan este genuino arrepentimiento:

- Límpiame, v. 7
- Lávame, v. 7
- Anúnciame gozo y alegría; infunde gozo en estos huesos que has quebrantado, v. 8
- Aparta tu rostro de mis pecados y borra toda mi maldad, v. 9
- Crea en mí, oh Dios, un corazón limpio, y renueva la firmeza de mi espíritu, v. 10
- No me alejes de tu presencia ni me quites tu santo Espíritu, v. 11
- Devuélveme la alegría de tu salvación, v. 12
- Dios mío... líbrame de derramar sangre, v. 14
- Abre, Señor, mis labios, y mi boca proclamará tu alabanza, v. 15

Arrepentirse significa lamentar lo que has hecho y que jamás volverás a hacer. Según la carta de Pablo a los corintios, hay dos tipos de arrepentimiento, el que significa que lamentas haber sido sorprendido, y el que es genuino, el tipo que refleja un profundo pesar por lo que has cometido.

"¿Cómo sabré que nunca más lo volverás a hacer?", gritaba una esposa, horrorizada y consternada por lo sucedido, y un poco perpleja por la más bien leve súplica: "Sencillamente confía en mí.

¡No lo voy a hacer más!". Ella confiaba en él antes de que fallara, así que convencerla implica mucho más esfuerzo que simplemente decir algo una sola vez. Deberás decir "perdóname" tantas veces como sea necesario, hasta que la parte ofendida crea que estás siendo sincero y que estás arrepentido, y comience una vez más a confiar en ti.

Paso #6: Regresar a la relación. Esto significa regresar a casa. Es volver por el camino del hijo perdido (Lucas 15), quien después de haber despilfarrado su herencia, regresa a casa diciendo: "*He pecado contra el cielo y contra ti*". El consejero matrimonial y escritor William Harley Jr. arguye que, una vez que el hombre ha tenido una aventura, tiene una vulnerabilidad con la que vivirá por el resto de su vida; es algo de lo que su esposa debe darse cuenta, y él no sólo lo reconocerá, sino luchará por evadirlo tanto como uno evitaría alguna alergia que sabe le provocará que se detenga su corazón.

Esto significa que tienes una debilidad que deberás reconocer, y deberás dar los pasos necesarios para asegurarte de no repetirlo. El consejo de Pablo es: "*Eviten toda clase de mal*". Esto traducido a nuestro mundo de hoy significa que, si te has involucrado con alguien en tu oficina, alguien con quien tienes roce todos los días, es mejor que cambies de trabajo. Si te involucras con alguien en el club o el gimnasio, es mejor que no asistas más a ese lugar. Exponerte a esa persona da lugar a la tentación, y la tentación puede hacerte fallar. No corras ese riesgo.

Paso #7: Reedificar la relación. Este es un proceso que va tardar meses o aun años para llevarse a cabo completamente. ¿Por qué? ¡Tú traicionaste a tu esposa! Le fuiste infiel. La heriste más de lo que puedes comprender. (Lo mismo ocurre cuando es la esposa la que ha sido infiel a su esposo; aunque cuando los esposos traicionan a las esposas, el daño psicológico y emocional es mayor porque ellos fueron los que buscaron, atrajeron y ganaron el corazón de la otra persona.)

Una esposa que había estado casada durante muchos años escribió: "Estoy horrorizada, furiosa y destrozada. He sido insultada, rechazada y reemplazada. He tenido absoluta confianza en todo aspecto durante 32 años. Jamás he visto ningún indicio de traición ni de desconfianza hacia nadie en forma alguna. Sin embargo, me han mentido y traicionado. ¿Acaso juzgué mal su carácter? ¿Me falta discernimiento? ¿No me he percatado de algún defecto sobresaliente de su carácter o de alguna debilidad principal? ¿Cómo me guío ahora por mis propias percepciones?".

Ella me explicó los temores que tenía de la siguiente forma:

> Temor #1, Temía que si él no hubiera sido sorprendido, hubiera continuado con la relación.
>
> Temor #2, Que él volviera a estar con su amante en secreto.
>
> Temor #3, Que volviera a pasarle con otra mujer.
>
> Temor #4, Que ella no pudiera volver a confiar en él completamente.

Esto significa que ella va a dudar cada vez que:

- Conteste al teléfono y nadie le responda.
- Él no llegue a la casa en el horario acostumbrado.
- Él salga a algún viaje de negocios.
- Ella encuentre algún recibo en la tarjeta de crédito de algún restaurante caro a donde no haya ido con él.
- Él sea impreciso en cuanto a dónde ha estad o con quien.
- Se muestre inseguro sobre ciertos detalles.
- Titubee en cuanto a ser abierto y transparente con ella.

Y puede que el esposo diga: "¡Ella no confía en mí!". Señor, y usted tiene toda la razón. ¿Por qué debería confiar? Destruiste aquello que es precioso y frágil – la confianza que llevó años formar. Hiciste uso del engaño y le mentiste en repetidas ocasiones para tapar lo que hacías. Tus amigos y socios de negocio sabían lo que estaba pasando y también te encubrieron. No por gusto ella no puede confiar en ti. La única forma en que la relación de confianza puede ser reedificada es mediante una sinceridad absoluta.

Esto significa (entre otras cosas) que estás dispuesto a darle un horario por escrito de dónde vas a estar y con quién. No le des a tu esposa nada incompleto, sino honestidad con 100% de trasparencia. Llega al punto de decirle que no te vas a ofender si ella confirma de vez en cuando dónde estás y con quién (además, pedirle que lo haga probablemente hará que ella no se vea en la necesidad de hacerlo). Si ella te sorprende mintiendo, echarás por tierra todo lo que estás intentando edificar. Deja de tomar las cosas en juego.

Luchar por satisfacer las necesidades mutuamente después de que uno de los cónyuges ha tenido una aventura, es algo en lo que ustedes dos tendrán que cooperar. Las mujeres dicen: "Cada vez que él me toca cuando estamos en la cama, me pregunto si está pensando en ella".

Reedificar la relación es algo que ambos individuos deben hacer juntos, pero desde lados diferentes. La persona que se ha descarriado tiene que trabajar en función de eliminar la duda y las preguntas en cuanto a dónde está o si acaso habrá otra infidelidad. El que ha sido ofendido tiene que vencer la ira, el odio, la repugnancia y la indignación para poder volver a conectarse a la relación y seguir adelante.

¿Cómo puede alguien lograr esto? Si eres la persona ofendida, vacilarás en extender el perdón por lo que te han hecho. Eso es de esperar, pero al final tendrás que lidiar con el problema si quieres dejar de tropezar con el pasado. Como dijo Winston Churchill: "Mientras el presente esté en guerra con el pasado, no hay esperanza para el futuro".

En el capítulo que trata sobre el conflicto, señalo que el perdón es un acto de voluntad – no de las emociones – y cuando tomas la decisión de perdonar, tus emociones al final respaldarán tu decisión.

Está bien, tú dices que sencillamente no puedes perdonar. ¿Qué tiene que hacer el ofensor para convencerte de que es tiempo de que respondas a su súplica: "¿Me puedes perdonar"?

Una mujer respondió esa pregunta diciendo: "En lugar de decir entre dientes: 'Lo siento', me gustaría oírle decir: 'Con la ayuda de Dios, nunca más voy a hacer otra vez lo que hice. Me avergüenzo de mí mismo, y no tengo palabras para expresarte cuánto he fallado y cuánto lo lamento. ¡Por favor, perdóname!'".

Sí, sé que las acciones hablan más alto que las palabras, pero en algún momento tienes que asumir esto y después dejarlo en el pasado.

Para ustedes dos, orar juntos hace milagros en el corazón y la mente de ambos. Sujetar fuertemente la mano de tu esposo o esposa y dejar que los sentimientos se desborden de tu corazón, lavados con las lágrimas del arrepentimiento, permite que el Espíritu Santo traiga pureza y sanidad.

¿QUIERES QUE TU ESPOSO SIGA VOLVIENDO A CASA POR TI?

A continuación se aconseja cómo hacerlo:

- Mantente en buena forma física y tan atractiva como "las demás mujeres".
- Sé su mejor amiga.
- Haz que él pueda contar contigo, para él es importante que lo apoyes.
- Mantén cierto grado de emoción en la relación.
- Satisface las necesidades mutuas.
- Sé activa sexualmente, aun agresiva.

2. Mi esposo dice que me ama, pero simplemente no puede aguantarse cada vez que tiene la oportunidad de estar con otra (una prostituta). Él dice que tiene tanta energía sexual, que yo no debería esperar que se restrinja a una sola mujer. Yo pienso que nuestras relaciones sexuales son normales.

Tu esposo es un mentiroso convincente y eres crédula al creerle lo que te dice. Me arde la sangre cuando un hombre me dice: "¡Yo no puedo aguantarme!" ¡Tonterías! Tu esposo no es un búfalo en celo, sino un ser humano, hecho a la imagen de Dios con la capacidad de escoger entre el bien y el mal. A él sencillamente le faltan las fuerzas y las agallas de un hombre de verdad, quien dice: "¡No!" a la oportunidad sexual.

Una vez iba a pasar la noche en Sídney, Australia, en espera del vuelo del día siguiente. Para ahorrar dinero, decidí caminar hasta el MacDonald's de la ciudad para comer una hamburguesa. Cuando regresaba al hotel que quedaba a sólo unas cuadras de allí, una joven de unos 22 ó 23 años comenzó a caminar a mi lado, a mirarme informalmente y me preguntó: "¿Quieres una chica para pasar la noche?".

Miré a esta joven y le dije: "Ya tengo tres mujeres en mi vida – una esposa y dos hijas como de tu edad". Mi corazón sintió compasión por ella. Ella también era hija de alguien, y entonces le dije: "¿Sabes? No tienes que hacer lo que estás haciendo. ¿Sabes que Jesucristo puede cambiar tu vida y darte una razón para vivir?".

Ella respondió con nostalgia: "Sí, lo sé", y se fue. Siempre me preguntaré cómo fue que lo aprendió. ¿Acaso siendo niña en la escuela dominical? ¿Habrá sido criada en una familia cristiana? No sé cómo lo aprendió, pero sí sé que lo sabía.

Me temo que tu esposo – de haber estado en una ciudad desconocida en donde nadie lo conocía, a miles de kilómetros de su hogar – puede haber manejado esa situación de manera diferente.

Poco después de mudarnos a las Filipinas en 1974, escuché esa actitud de los hombres que dicen tener tanta testosterona y tanto que ofrecer, que simplemente no se pueden limitar a una sola mujer. Los que se esconden detrás de esa fachada no son hombres de verdad, sino fornicarios que se niegan a ser fieles a una mujer. Eso es falso.

Le has permitido demasiada libertad con las novillas en el pasto. Es hora de enlazarlo y ponerle el cabestro bien apretado, o de soltarlo en el pasto para siempre. Pero no le permitas que se vaya con esa actitud de que no se puede aguantar. Él sí puede.

3. Estoy viviendo con un hombre casado. ¿Qué debo hacer? Él dice que me ama más que a su esposa.

Comencemos con una definición de amor. Yo veo el amor como un compromiso incondicional que se tiene con una persona imperfecta para satisfacer las necesidades de esa persona de tal manera que implica sacrificio. Creo que este hombre tiene problemas con el significado de la palabra 'amor'; me parece que lo está confundiendo con el significado de 'gusto' o probablemente con el de 'lujuria'.

Hubo una pareja de unos treinta años cada uno, que vino en busca de ayuda para su matrimonio. Al entrar a mi estudio, me percaté de que el esposo usaba una hebilla grande y plateada en el cinto, en la que estaba grabada la palabra AMOR. Me pregunté si él sabía lo que es realmente el amor, y no me demoré mucho en averiguarlo.

Después de varios minutos de una breve conversación para conocernos, me volví hacia ellos y les pedí que me dijeran qué los había impulsado a buscar ayuda. La esposa fue la primera en hablar. Me dijo que eran dueños de cinco restaurantes en los que se despachaba alcohol. Ella dijo: "Sabía que él era 'amistoso' con algunas de las chicas, y eso no me gustaba, pero cuando le hizo un hijo a una de ellas, eso fue más de lo que podía soportar".

Me volví hacia el hombre y le pregunté: "¿Amas a tu esposa?".

Él rápidamente me respondió con ligereza: "Oh, sí, la amo mucho".

Entonces le hice la misma pregunta a la esposa. Con lágrimas rodando por sus mejillas, me dijo las palabras que oigo tan a menudo: "Lo amaba, pero no sé si lo sigo amando, no después de lo que me ha hecho".

Está bien, este hombre que dice que te ama más que a su esposa ¿te ama realmente o está disfrutando usarte? Usarte le satisface sexualmente, pero no puede satisfacer tus necesidades emocionales, y en realidad está cometiendo contigo una gran injusticia porque tú te estás uniendo a él emocionalmente tanto como en lo físico, y no tienes ningún futuro con esta relación porque sí, él está casado, y tú siempre serás la #2, no la #1 en su vida. Aun si le dieras el beneficio de la duda, aun si de verdad él te amara más que a su esposa, él no tiene ningún derecho de tenerte, ni tú tienes derecho alguno a su pasión, la cual pertenece a su verdadera esposa.

Termina la relación, ¡y cuanto antes, mejor! Él es el que gana en esto, y mientras más se demore, más difícil será. Tú no eres su esposa, sino simplemente la otra. Dios te va ayudar a hacer lo correcto y, al hacerlo, estás dando el primer paso hacia la sanidad emocional que necesitas, lo cual puede que te haga terminar conociendo a alguien que te haga la #1 por el resto de su vida.

4. ¿Cómo podemos restaurar nuestro matrimonio, si mi esposo fue el que se separó de nosotros y ama a su segunda mujer más que a nosotros, que somos su familia?

Pudiera ser muy fácil evitar dar respuesta a una pregunta como ésta; sin embargo, hay miles de personas que están en esta misma situación. La dificultad es que no puedes "hacer" que tu esposo te ame o deje a la otra mujer, ¡pero Dios sí puede! En esencia, los mismos pasos que enumeré para restaurar un matrimonio después del adulterio son los que serán necesarios para que tu relación tenga un futuro. A continuación resumiré lo que he escrito: Primero, él debe estar dispuesto a cerrar la puerta a la otra mujer – completa y terminantemente. Segundo, debe arrepentirse – pedirte perdón, demostrarte arrepentimiento y remordimiento, convencerte de su sinceridad. Entonces él debe ganarse tu confianza.

5. Tengo dos hijos – varones, de 10 y 5 años. Mi esposo está trabajando fuera del país. Él ha estado viniendo a casa de vez en cuando, pero su estancia más larga es de poco más de un mes; la más corta, de once días. Él me ha estado pidiendo comprensión en cuanto a la lejanía entre ambos. Mi pregunta es: ¿cómo puedo hacerle entender que la familia tiene más prioridad que ganar dinero en el exterior? Él hasta ha cometido adulterio allá.

Hay dos problemas que tienes que enfrentar: uno es ser comprensiva en cuanto al trabajo que lo mantiene alejado del hogar y el otro, ser comprensiva en cuanto a su infidelidad – lo cual implica consecuencias muchísimo más graves.

En la sección en la que debatí sobre los obreros trabajando en extranjero, te recuerdo lo que ya conoces – que estar separados es muy difícil para las relaciones. Existe un gran riesgo de la infidelidad que ocurre en hogares en los que uno de los cónyuges está trabajando fuera del país – un altísimo precio que hay que pagar por mayores ingresos.

Hay ocasiones en las que es necesario separarse, y puede que tu matrimonio sobreviva. El hecho que Puerto Rico o Venezuela no esté tan distante, lo cual posibilita que tu esposo o esposa regrese periódicamente o que tú lo(a) visites, es algo positivo. Sin embargo, el segundo problema – ser comprensiva en cuanto a su infidelidad – es un asunto completamente diferente.

Prepárate para trazar una línea en la arena y decir: "¡Hasta aquí nada más!". Aunque puedes perdonarlo, no significa que estés diciendo: "Está bien que continúes con la infidelidad". No es que tu esposo te valore a ti y a tus hijos, sino que tiene que reconocer que esto no puede continuar.

6. Debo decirle que hace varios años, en un momento de tentación, tuve sexo con una mujer que se me ofreció. En aquel momento sabía que no debí haberlo hecho, y después se lo confesé a mi esposa. Ella se enfureció y comenzó a dar gritos. Durante un tiempo se fue a casa de sus padres, pero luego regresó – principalmente por nuestros hijos. Ella dice que jamás me perdonará, y a menudo se muestra fría y dice que no siente nada hacia mí. ¿Qué debo hacer para ganarme su perdón?

El perdón no es algo que te ganas ni te mereces; es algo que extiendes a otra persona – una persona quebrantada, que sufre y se ha desviado de la senda de la voluntad y el propósito de Dios. Realmente la Biblia usa la relación de Dios con nosotros como patrón de cómo deberíamos tratarnos unos a otros. Pablo escribió: "Sean buenos y compasivos unos con otros, y perdónense mutuamente, como Dios los perdonó a ustedes en Cristo" (Efesios 4:32, DHH). La Biblia en Lenguaje Sencillo dice: "...así como Dios los perdonó a ustedes por medio de Cristo".

El perdón no significa que esté bien lo que te hicieron; más bien significa que tú renuncias a tu derecho de dañar a otra persona porque ella te dañó a ti. En resumidas cuentas, el perdón consiste en que, a pesar de lo que alguien te haya hecho, el daño no se puede comparar con la inmensidad de lo que has hecho en relación con Dios. Somos humanos y sí fallamos, pero el perdón de Dios – cuando se extiende y se da libremente, a lo cual la Biblia denomina 'gracia' – es un patrón a seguir para nosotros.

Cuando alguien dice: "No puedo perdonar", lo que está diciendo realmente es: "No voy a perdonar". El perdón es un acto de voluntad – no una cuestión de emociones o sentimientos. Es una decisión que tomas y, una vez que la has tomado, tus emociones la respaldarán.

Para ustedes, mujeres, el asunto del perdón es más complejo. En primer lugar, por naturaleza la esposa se guía por las emociones, mientras que el esposo tiende a ser guiado por la lógica. En la sección de las relaciones extramatrimoniales, mencioné que cuando un esposo tiene una aventura, el daño que ocasiona a su esposa es mucho mayor que cuando es la mujer la que tiene una aventura. Por consiguiente, es más difícil para ella que para el hombre librarse del sufrimiento. Además, aferrarse a lo malo (es decir, negarse a perdonar) se convierte en un arma o herramienta que usas para hacerlo sufrir. Y por último, abstenerte del sexo puede arrojarlo en los brazos de la mujer que detestas.

Pero ha de extenderse el perdón si se quiere que haya sanidad y esperanza para mañana, y con ese perdón viene la restauración. Sí, sé que es difícil. Estoy pensando en una pareja que me pidió consejería. Años antes, un esposo había tenido una aventura de una sola vez, la cual la esposa se había negado a perdonar. Mientras estábamos sentados conversando sobre las serias consecuencias de cargar con ese peso, le pregunté: "¿En qué momento estarás dispuesta a perdonar? ¿Qué tiene que hacer tu esposo para probar que está arrepentido?".

Sólo cuando la obligué a confrontar las consecuencias de no perdonar, ella perdonó a regañadientes.

Una idea final: cuando ha sucedido algo que deba ser perdonado y tú perdonas, ése no es el final del asunto. En el futuro habrá cosas que activen la memoria, y cuando eso suceda, una y otra vez tendrás que deshacerte de esa carga y dejar que Dios se encargue de ella.

Capítulo 5
LA PORNOGRAFÍA Y OTRAS ADICCIONES

1. Atrapé a mi esposo mirando un sitio porno en Internet. Él dice que nunca antes había hecho eso y que simplemente se acababa de "tropezar con él". No creo que me esté diciendo la verdad.
¿Quiere esto decir que quizás tenga adicción a la pornografía?

Tu esposo quizás te esté diciendo la verdad; quizás no. La triste realidad es que hay mucha pornografía en Internet que resulta impertinente, asquerosa y muy "a la cara". Aun cuando no estás en busca de ella, es posible que simplemente te tropieces con ella. Casi todo el que investiga usando Internet se topará ocasionalmente, y sin ser malintencionado, con sitios que lo llaman a ver porno. Muchos sitios tienen nombres muy parecidos al de negocios legítimos; por eso, sin querer, la gente se conecta a ellos. El sitio porno hace esto a propósito como una carnada, usada para que sigas metiéndote más de lleno.

David no pudo evitar ver una hermosa mujer que se llamaba Betsabé, y quien se estaba bañando en el techo de una casa cercana; pero fue lo que hizo desde ese momento en adelante lo que determinó su falta y culpabilidad. Y así mismo sucede con aquellos que van de manera repetida a los sitios que ellos saben no son sanos ni edifican.

A pesar de los anti-spam y los bloqueadores (programas que he tenido que instalar en mi computadora), de vez en cuando algo me sale en la pantalla (casi siempre de fuera del país), ni siquiera dirigido a mí, ni algo que tampoco yo haya pedido ni que yo haya estado buscando. Entiendo que esto puede suceder; sin embargo, cuando has estado casado con alguien, uno llega a saber cuándo esa persona está diciendo la verdad y cuando te está tratando de tomar el pelo.

Si tu esposo se tropezó con el sitio (como él dice), yo no lo acusaría de ser adicto a la pornografía. Una bebida alcohólica ocasional no quiere decir que esa persona sea adicta al alcohol. Sin embargo, cuando alguien depende de algo, no puede ser satisfecho con menos de cualquier otra cosa que eso e intenta "tapar" lo que está haciendo, ese individuo se ha convertido en víctima de una adicción.

La pornografía en Internet puede llegar a ser un sustituto de las relaciones sanas matrimoniales, y la persona que piensa que está usando el mouse en una casa donde no hay nadie (para que nadie sepa lo que está sucediendo), se está burlando de sí misma o es ignorante. La realidad es que cada imagen que aparece en la pantalla de una computadora deja una huella en la computadora y permanece ahí hasta que se borra la imagen, algo que la mayoría no sabe cómo hacer.

¿Cuántos son adictos a la pornografía de Internet? Nadie puede asegurarlo, pero se estima que uno de cada cinco de las personas que usan Internet regresa repetidamente a los sitios pornográficos.

Algunas esposas, al descubrir que sus esposos han visitado un sitio porno, han reaccionado de forma tan violenta que se han separado de sus esposos. Otras han exigido que se saque la computadora de la casa—ambas soluciones son exageradas. Conozco a una esposa que se niega a tener una computadora dentro de la casa porque no confía en su esposo. A la hora de tratar un problema, exagerar es tan dañino como lo es ignorar el problema.

En caso de que alguien a quien ames sea en realidad adicto a la pornografía, hay que confrontar esa adicción, confesarla y renunciar a ella, pero no sugeriría que un matrimonio llegara a su fin, como lo haría con uno en donde hay problemas con el alcohol.

La Internet es una espada de dos filos: ella proporciona una amplia gama de información y de ayuda, así como recursos espirituales para la familia; pero también puede traer consigo inmundicia y puede conducir a la adición sexual. Todo depende de cómo se maneje.

Si tuviese hijos viviendo en mi casa, les permitiría acceso a Internet sólo bajo supervisión; y si tuviese adolecentes que necesitasen usar Internet para la investigación, me suscribiría a un servicio familiar que filtra la pornografía.

La mayoría de los padres luchan por proteger a sus hijos de la inmundicia que enfrentamos en la actualidad, y yo respeto eso completamente. Sin embargo, es inevitable que tus hijos y tus adolecentes se tropiecen con aquello de lo cual los estás tratando de proteger. Cuando esto sucede, hay una gran diferencia porque has establecido un estándar, y tu conducta personal se convierte en la medida de lo que está bien y lo que está mal. Conocer lo que está bien les ayuda a rechazar lo que está mal.

Obviamente, la adicción a la pornografía es un problema con el cual batallan los hombres; sin embargo, no es exclusivamente un problema masculino. Un número creciente de mujeres llevan a cabo de manera indirecta lo que llaman cibersexo con individuos del sexo opuesto, algo que está tan mal hecho como lo que hacen los hombres. Pensar que eso no está mal porque no hay contacto físico es querer cubrir la verdad. Satanás es astuto y a veces nos tienta a hacer lo malo haciéndonos pensar que nuestras negligencias y coqueteos con lo mal hecho son "privados" y que nadie lo sabe. Lo que Moisés escribió hace 3500 años, todavía está vigente hoy: "*Sepa que vuestro pecado os alcanzará*" (Números 32:23, LBLA). El individuo que coquetea con lo impuro, más tarde o más temprano termina con sus manos y su corazón sucios.

2. ¿Qué cree de la pornografía?

En el matrimonio hay lugar para la ingeniosidad, la creatividad, el romance y la alegría dentro de la relación consagrada y amorosa de esposo y esposa; pero la práctica de incluir películas sexualmente explícitas y pornografía es un asunto muy diferente—que puede resultar destructivo y contraproducente a un sexo que satisfaga dentro del matrimonio.

En respuesta a la pregunta: "¿Qué tiene de malo la pornografía?", digo lo siguiente:

1. La pornografía es fantasía—no realidad. Las modelos que desnudan sus cuerpos usualmente no tienen estrías provocadas por el embarazo, y cualquier defecto lo tapan con el maquillaje y la edición de las fotos. En otras palabras, lo que se ve no es la realidad; ni lo que describe el productor es "la vida real". En vez de amarse mutuamente, aquellos que caen en la pornografía tienen fantasías sexuales con el afiche que está delante de ellos o con la muchacha de la película. Lo que realmente excita a los hombres no es cuán sexy sea tu cuerpo, sino que tú lo desees tanto como él te desea a ti.

2. La pornografía degrada a la mujer. Hace que pierda su valor. Sin decir una palabra, la mujer piensa: "Me estás comparando con la muchacha de la película, de la revista pornográfica, o con la modelo de la foto que bajaste de Internet, *y yo no llego ahí.* Nunca he podido comprender del todo por qué cualquier muchacha con un poco de autoestima estaría dispuesta a posar delante de una cámara, pero ese es el problema: su autoestima ha sido degradada, y ella está dispuesta a cambiar cualquier cosa de valor en ella por dinero.

3. La pornografía demanda expectativas anormales para la satisfacción en el matrimonio. Una vez que la pornografía se atrinchera en la mente, lo que normalmente causaría satisfacción en una relación de amor ya no va a ser suficiente. Entonces el sexo se convierte en algo pervertido, anormal, forzado y degradante. Es una espiral descendente que al final destruye la relación.

4. La pornografía produce lujuria, la cual es diferente a la pasión fuerte o al deseo hacia la persona que Dios ha puesto en tu vida como tu cónyuge. Dios, no Satanás, creó el deseo sexual e hizo provisión para que éste fuera total y completamente satisfecho dentro del matrimonio. Sin embargo, la pornografía le resta valor a toda esta experiencia, y produce una lujuria que luego infesta tu mente y transforma la manera en que miras a cada hombre o mujer. Se necesita tener la actitud de Job, quien dijo: "*Yo había convenido con mis ojos no mirar con lujuria a ninguna mujer*" (Job 31:1).

5. La pornografía causa adicción, al igual que las drogas y el alcohol. ¿Qué hace que algo se convierta en una adicción? Se dice que alguien es adicto a algo cuando su comportamiento compulsivo para hacer, tener o experimentar algo es más fuerte que su determinación a no hacerlo. De la curiosidad llega a convertirse en fascinación; luego en un hábito que casi siempre al principio se esconde, y más adelante se convierte en una auténtica adicción. Alguien dijo que las cadenas del hábito son demasiado débiles para sentirlas hasta que son ya demasiado fuertes para romperlas. Pablo, al escribirle a los corintios, quienes vivían en una cultura saturada de sexo, les dijo: "*Más bien, hemos renunciado a todo lo vergonzoso que se hace a escondidas*" (2 Corintios 4:2). Cualquier cosa que se haga en privado y que tú no quieras que se sepa en público, "se hace a escondidas" y es "vergonzoso", y aquí se incluye la atracción a la pornografía.

6. La pornografía trastorna a los niños. No te engañes a ti mismo. Los niños saben lo que tienes escondido debajo del colchón o en la parte de abajo de las gavetas de tu cómoda. Mirar lo que piensas que es estimulante le brinda una imagen incómoda y ofensiva al niño. Éste no es el tipo de educación sexual que necesitan. Una declaración proveniente del libro de Santiago lo dice claramente: "*Al que sabe hacer lo bueno, y no lo hace, le es pecado*" (Santiago 4:17, RVR60).

LA BIBLIA Y LA PORNOGRAFÍA

La Biblia enfatiza la santidad y la pureza del sexo en el matrimonio—Hebreos 13:4: "Tengan todos en alta estima el matrimonio y la fidelidad conyugal".

Jesús enseñó que cualquiera que codiciara a una mujer, cometería adulterio en su corazón. Él dijo: "Pero yo les digo que cualquiera que mira a una mujer y la codicia ya ha cometido adulterio con ella en el corazón" (Mateo 5:28).

La Biblia dice que los hijos de Dios deben mantenerse puros sexualmente. "La voluntad de Dios es que sean santificados; que se aparten de la inmoralidad sexual; que cada uno aprenda a controlar su propio cuerpo de una manera santa y honrosa, sin dejarse llevar por los malos deseos como hacen los paganos, que no conocen a Dios" (1 Tesalonicenses 4:3-5).

Hay liberación para los que son adictos a la pornografía (2 Corintios 10:5).

3. Mi esposo no hará esta pregunta, así que yo la hago por él. ¿Está bien que usemos videos sexualmente explícitos en la intimidad de nuestro cuarto? Él dice que eso lo estimula, pero no lo puedo disfrutar como él lo disfruta. Me hace pensar como si él estuviese teniendo fantasías con lo que hemos mirado, como si yo fuese la otra mujer.

A menudo, Jesús respondía una pregunta haciendo otra, y hay una pregunta sencilla que, creo, les da a ambos dirección en cuanto a lo que ustedes hacen en la intimidad de su cuarto. En primer lugar, estoy suponiendo que ambos conocen al Señor y que quieren agradarle en lo que hagan. Entendiendo que Dios ve el sexo entre una pareja como algo hermoso y hasta sagrado, sabemos que Él no se opone al placer sexual y al disfrute. También sabemos que nada de lo que hacemos, incluso con las puertas cerradas y con los cristales oscurecidos, ni en ninguna otra parte, está oculto a sus ojos. La Escritura explica: "*Ninguna cosa creada escapa a la vista de Dios. Todo está al descubierto, expuesto a los ojos de aquel a quien hemos de rendir cuentas*" (Hebreos 4:13).

Bien, aquí está la pregunta: *¿Lo que estamos haciendo le sería de agrado al Señor?* Es así de simple. Responder esa pregunta no quiere decir que cambies el canal de la televisión cada vez que algo romántico o con toque sexual aparezca en la pantalla; sin embargo, sí te da un esquema que te ayudará a decidir si algo enriquece tu relación o la degrada.

¿Qué tal las fantasías en una relación? Cuando se trata de la expresión sexual que tengas con tu esposa o esposo, hay tres "no" que son inviolables: No lo finjas, no uses fantasías y no lo descuides.

Cuando los hombres (las mujeres también) se vuelven a la fantasía en busca de la satisfacción sexual, la realidad se convierte en algo secundario. Lo ilícito o lo fingido toma lugar, lo cual significa que algo está mal. Entonces, ¿cómo lidias con eso? Pablo dijo que podemos llevar todo pensamiento cautivo a la obediencia de Cristo (2 Corintios 10:5). En vez de fantasear en tu relación, esfuérzate en poner algo de entusiasmo en tu matrimonio.

Algunas fuentes seculares te van a decir que vivir tus fantasías es bueno para tu matrimonio— sólo que hazlo con tu esposo o tu esposa. La fantasía es ficción, y la intención de Dios es que tu matrimonio sea lo real—el tipo de pasión que hace que la fantasía sea innecesaria.

4. Mi esposo y yo discutimos mucho, principalmente cuando se trata de un vicio que él tiene y que no puede dejar—el juego. Hay momentos en lo que discutimos en frente de los niños, y siempre termina la discusión diciendo que él no tiene ningún problema y que la del problema soy yo. ¿Cómo manejaría usted esta situación?
Hace mucho tiempo el sabio de Proverbios dijo que los caminos del hombre le son rectos según su propia opinión, así que tu

esposo desvía la crítica de lo malo que está haciendo sugiriendo que tú tampoco eres perfecta.

Cualquier defecto que puedas tener (y todos somos humanos) no es nada para tu familia comparado con la devastación a largo plazo que traen los juegos de azar.

¿Qué dice la Biblia acerca de esto? Dedica un momento para buscar en el diccionario la frase "juego de azar" y encontrarás definiciones tales como: "arriesgar, apostar; una transacción que involucra el juego; de ahí que sea cualquier cosa que tenga que ver con el riesgo o la incertidumbre". Si buscas la palabra "juego" en una concordancia bíblica, no vas a encontrar que se menciona de manera específica.

Éste es uno de esos asuntos que necesitan ser vistos a la luz de un principio bíblico, en vez de un mandamiento específico.

¿Por qué no apostar? Si Moisés hubiera puesto esto como el mandamiento número once, le hubiera ahorrado muchísimos sufrimientos y dolores de cabezas a muchos. Aunque los juegos de azar no son mencionados directamente en la Biblia, el principio se ve en términos que son tan obvios, que no hay duda acerca de lo que Dios cree de esa práctica.

Parte de la respuesta a la pregunta "¿por qué no?" es que jugar por dinero implica que vas a tomar algo que no te mereces y que no te lo ganaste trabajando. Tu ganancia es el resultado de la pérdida de alguien; y es muy posible que el dinero que ganaste sea comida o dinero de renta de alguien que malamente se dio el lujo de perder. Eso viola el mismo contexto de la enseñanza bíblica que dice que Dios bendice el fruto de nuestro esfuerzo, y que por nuestro sudor nos ganamos el pan.

Como lo dijeran David Neff y Thomas Giles: "Apostar dinero es poner en riesgo algo de valor con la esperanza de obtener algo mucho más valioso". El juego implica casi siempre el azar creado artificialmente (por ej. los dados, las ruletas, los naipes) o un suceso que es difícil de predecir (tal como es una carrera de caballos o una pelea de gallos). Y casi siempre las ganancias de los pocos son financiadas por las pérdidas de los muchos”.[5]

El juego de azar es una adicción tan devastadora como lo es el alcohol y las drogas. Se puede convertir en una compulsión que destruye hogares y matrimonios, y que hace que la gente caiga en bancarrota y hasta cometa suicidio. Pero pocas personas piensan en eso cuando ponen su dinero buscando una oportunidad para ganar a lo grande.

Lo que comienza como un pasatiempo ocasional tiene un lado bien feo que luego se convierte en un ladrón, un maleante y una adicción del peor tipo.

SI APUESTAS DE VEZ EN CUANDO, NECESITAS HACERTE ESTAS DIEZ PREGUNTAS:

¿Alguna vez has jugado más tiempo del que planificaste?
¿Alguna vez jugaste hasta que te quedaste sin dinero?
¿Alguna vez perdiste el sueño por pensar en el juego?
¿Alguna vez has usado tu salario o tus ahorros para apostar, mientras te quedan cuentas por pagar? ¿O has usado el dinero de tu familia pensando que ganarás a lo grande y luego lo vas a reponer?
¿Alguna vez has intentado dejar el juego y has fracasado?
¿Alguna vez has quebrantado la ley o lo has pensado hacer para poder financiar tus apuestas?
¿Has pedido alguna vez dinero para jugar?
¿Alguna vez te has deprimido o tenido pensamientos suicidas a causa de las pérdidas ocasionadas por el juego?
¿Alguna vez te ha pesado lo que perdiste en el juego?
¿Alguna vez has apostado como un intento de obtener dinero para las necesidades legítimas de la familia?

5 David Neff y Giles, *Feeding the Monster Called More* [Alimentando al monstro llamado más], Christianity Today, 25 de nov., 1991, pág. 19.

Si has respondido que "sí" a algunas de esas preguntas, es que tienes un problema y vas camino a la adicción, si no es que ya estás enganchado. (Adaptado de ww.ncpgambling.org/10questions.htm)¿Por qué mi esposo no habla conmigo?

El lado oscuro del vicio del juego es la negación, el negarse a admitir que es una adicción, y creerte que sabes más que el que está tu lado y que puedes vencer el sistema. El vicio daña a tu familia, a ti mismo y tu relación con Dios. La buena noticia es que hay liberación para este hábito vicioso, así como también la hay para las drogas, el alcohol y la pornografía. Si has caído en la trampa, confía en Dios y busca ayuda. Puedes ser liberado de ese hábito.

5. Mi esposo tiene la idea de que beber y ser mujeriego son símbolos de un gran hombre. ¿Cuál debe ser mi actitud hacia él?

Mi reacción inicial es que él ha estado mirando demasiadas películas últimamente, y que ha estado creyendo ciertas tonterías, que quizás entretengan un poco, pero que son totalmente fuera de la realidad. Lo que tratan de presentar los cinematógrafos está muy distante de lo que es la vida real. Que un hombre esté violando los votos matrimoniales añadiendo a esto un abuso del alcohol, contribuye a que se forme un catalizador mortal que destruye las relaciones y acaba con el dinero, les quita a los niños lo que les pertenece, y destruye la salud y el futuro de tu cónyuge.

Pero tu pregunta no es qué le sucede a él en el proceso, sino cómo deberías lidiar con esto y con él en particular. Obviamente, él sabe que a ti no te agrada ni su inclinación por el alcohol ni su violación de los votos matrimoniales.

Si él está luchando o no por ser un "gran hombre" no está claro del todo, pero te puedo decir con seguridad que si él admira esas cualidades en individuos que parecen salirse con las suyas, él lo está considerando; y cuando un hombre piensa algo por mucho tiempo, cuando le dan la oportunidad de vivir sus fantasías, se encuentra listo para hacerlo.

La Biblia nos dice que hay una relación directa entre lo que tú piensas y lo que tú haces. ¿Recuerdas la frase "*pues como piensa dentro de sí, así es*"? (Proverbios 23:7, LBLA).

Si te es infiel, entonces este es un asunto completamente diferente, algo de lo que abundo más en otra sección.

Capítulo 6
PREGUNTAS ACERCA DE LA COMUNICACIÓN EN EL MATRIMONIO

La comunicación no es una cuestión de vida o muerte; ¡es más importante que eso! Cuando voy a hablar del tema de la comunicación, a menudo pregunto: "¿Cuál es el ingrediente en particular que resulta el más importante en un buen matrimonio?". Casi siempre la respuesta es: "¡*El amor*!" Estoy de acuerdo con que el amor es de muchísima importancia. En inglés, en el lenguaje técnico del tenis, "love" (amor) significa "cero" o "nada" [15-love, es 15 a cero]; pero en el matrimonio es todo. Sin embargo, el amor tiene el número 3 en mi lista porque hay dos cosas que son indispensables para el amor: el compromiso y la comunicación.

Antes de que ames a alguien, debes estar dispuesto a comunicarte con esa persona, y si no te comprometes con ella, no te vas a preocupar por comunicarte. Se puede admirar a alguien desde lejos, inclusive besar el suelo por donde camina, derretirte cuando te pase cerca, pero si no hablas su mismo idioma, nunca llegas a conocer a esa persona como tal. Estás enamorado de un sueño o una visión. Solamente si le entregas el corazón revelando lo que piensas, expresando tus sueños y sentimientos, tus esperanzas y tus ambiciones, es que puedes llegar a conocer en verdad a la otra persona.

"He estado casado con el mismo hombre durante 30 años", me confesó una mujer, "y todavía no conozco a mi esposo. Es como si fuera un extraño. Me he acostado con él, le he dado hijos, le he cocinado y limpiado, ¡pero no lo conozco realmente!" Ella no es la única. Hay un gran número de mujeres que viven con hombres que le son prácticamente extraños; razón por la cual el hombre que habla con ella, que le escucha, que afirma sus valores y su calidad como persona le llega a ser muy atractivo.

Por ejemplo, Rafael, un abogado exitoso con una carrera fructífera, abandonó a su esposa, quien era una pianista concertista atractiva y bien educada. Él comenzó a vivir con una mujer joven (lo suficientemente joven como para ser su hija), que nunca terminó la escuela preuniversitaria y quien trabajaba como camarera en una cafetería de sándwiches. "¿Por qué lo hiciste?", le preguntaron sus amigos, quienes no podían entender su comportamiento. "Ella nunca tenía tiempo para mí", respondió Rafael, "siempre estaba demasiado ocupada; pero Alicia sí me escuchaba, se reía de mis chistes y me hacía sentir importante".

La esposa de Rafael estaba más comprometida con su carrera que con su esposo, y él sufrió las consecuencias de su descuido.

Uno de los desafíos que trae la comunicación a tu relación es que para los hombres la comunicación es completamente diferente de lo que es para las mujeres. Los hombres son criaturas sencillas; sin embargo, las mujeres son complejas. A menudo no es que los hombres sean difíciles o pocos comunicativos, simplemente ellos no saben cuándo se espera de ellos que den, ni saben cómo hacerlo; por eso ellos avanzan día tras día pensando que les está yendo bien como esposos y padres, mientras que sus esposas sienten que están viviendo con extraños que tienen cortinas en las ventanas de sus corazones, las cuales no les dejan ver a ellas sus sentimientos más profundos, ventanas a prueba de huracanes categoría 3.

Una de las cosas más asombrosas de la comunicación en el matrimonio es que ambos usan las mismas palabras, pero con significados diferentes tanto para el hombre como para la mujer. Cuando les digo a las parejas que se clasifiquen a sí mismos y entre ellos como comunicadores, en una escala del 1 al 10, la mayoría de los hombres colocan a las mujeres aproximadamente al mismo nivel que las esposas los clasifican a ellos; sin embargo, casi de manera invariable, los hombres se clasifican más alto que lo que sus esposas lo clasifican a ellos. Ellos piensan que se están comunicando, pero sus esposas le dicen: "De eso nada".

Las esposas son mejores comunicadoras que los varones— ¡Sí, correcto! El hemisferio izquierdo del feto femenino comienza a desarrollarse más temprano que el de los varones; y es esta parte del cerebro la que controla nuestra capacidad verbal. Así que por eso las bebés comienzan a hablar primero, y no sólo eso, sino que también llegan a ser más fluidas y verbales. La mujer promedio en el transcurso del día usa cerca de un 50 % de palabras más que las que usa su esposo.

Mae y Sidney estaban tratando de aprender inglés. Mientras hacía amistad con nosotros, Mae me dijo: "No entiendo por qué Sidney no usa más su inglés".

"Eso es fácil de entender", le dije, y añadí, "cada vez que le hago una pregunta, tú respondes por él. ¡No le das la oportunidad de hablar!"

Hay un dibujo animado que muestra una pareja de personas adultas sentadas en un banco de un parque. La esposa se vuelve al esposo y le dice: "Yo te dejaría hablar, ¡pero es que no eres tan interesante como yo!".

Es cierto, las mujeres son más verbales, más fluidas que los hombres, pero esa es la manera que Dios nos hizo. En la década de los años noventa la ciencia comenzó a explorar el cerebro humano, que se pensaba que era una de las últimas fronteras de la ciencia porque lo entendemos muy escasamente. Una de las cosas fascinantes que descubrieron es que el *corpus callosum* (una banda de fibra neurales que conectan los dos hemisferios del cerebro) es más gruesa y está más desarrollada en las mujeres que en los hombres. Esta banda actúa como una interface entre los dos hemisferios, permitiéndoles a las mujeres la facilidad para las multitareas de una manera más competente que los hombres. Es como dos computadoras conectadas por un cable que les permite un intercambio inmediato de información entre ellas. Es por eso que los hombres piensan como escaleras: en una progresión de un escalón a la vez. Las mujeres piensan como las telas de araña, lo captan todo.

Los hombres son como cámaras de un solo lente—una toma a la vez. Las mujeres son como las cámaras de cine, lo captan todo, hasta el más mínimo detalle.

Una mujer puede hablar por teléfono, mirar televisión y preparar un sándwich al mismo tiempo; pero cuando un varón está buscando la dirección de una calle, lo puede hacer mejor si apaga el radio y se enfoca por completo en lo que está haciendo.

Sin embargo, los hombres no se pueden ocultar detrás de la excusa de "no lo puedo evitar, soy así". Ellos pueden aprender a comunicarse de manera eficaz entendiendo que la comunicación es vital y necesaria, si se quiere que el matrimonio tenga éxito. Las técnicas de comunicación son algo que se puede aprender.

Te puedes ganar la vida como un obrero común sin desarrollar tus habilidades comunicativas; pero te puedo asegurar que no llegarás a la cima de tu profesión en el mundo de los negocios, de los estudios o de la ciencia a menos que aprendas a cómo expresarte de manera clara, a comunicarte eficazmente, y a que puedas poner en palabras tus ideas y pensamientos. Bien, si esto es importante en tu profesión u oficio, ¿cuánto más cuando se trata de la tarea más importante que tienes en el mundo—la de mantener tu matrimonio vivo y ferviente?

Algunas mujeres piensan: "Si realmente él me amara, ¡él sabría cuán importante es para mí la comunicación!", pero eso no es necesariamente cierto. Sin embargo, si ustedes, hombres, supieran que el amor de sus esposas hacia ustedes se secará o se marchitará a menos que ustedes se comuniquen, más vale que entiendan que es una cuestión de vida o muerte, y aprendan a comunicarse y a darle a la esposa la misma atención y energía que le das a tu mejor cliente en tu trabajo o negocio.

Una de las herramientas más poderosas de la comunicación es aprender a escuchar—darle a tu esposa toda la atención, apagando el televisor, dejando de leer el periódico y mirándola a la cara, captando lo que te está diciendo.

El difunto psiquiatra suizo, el doctor Paul Tournier, escribió en cierta ocasión: "Es imposible hacer demasiado hincapié en la inmensa necesidad que tienen los humanos de que se les escuche de verdad. Oigan todas las conversaciones del mundo, entre las naciones, así como entre las parejas. Son, en su mayor parte, diálogos de los sordos". Una de las quejas más comunes que tienen las mujeres respecto a sus esposos que no se comunican es ¡que ellos no las escuchan!

Miren, hombres, ustedes son reparadores. Cuando ustedes ven algo que está roto, ustedes sienten que es tarea de ustedes repararlo. En muchas ocasiones he escuchado a mi mujer abriéndome su corazón completamente y le he preguntado: "¿Qué te gustaría que yo hiciera al respecto?", Y su respuesta es, "nada; sólo quería que me escucharas".

Hombres, escuchar es una tarea difícil. Es fácil estar mirando a alguien sin estar escuchando en verdad una palabra de lo que está diciendo (¿recuerdas que lo hacíamos en la escuela?). Tu esposa se merece algo mejor y, te lo puedo asegurar, vas a obtener lo que quieras de tu matrimonio y más cuando aprendas a escuchar, porque escuchar y abrir tu corazón en honestidad y sinceridad favorece la intimidad y la cercanía entre ustedes.

La comunicación eficaz es el mutuo compartir de ideas, pensamientos y sentimientos, y si se dejan de escuchar mutuamente, ésta se destruye inmediatamente. Continuemos a medida que reflexionamos con algunas de las preguntas que una y otra vez se hacen.

1. ¿Por qué mi esposo no habla conmigo?

Sin dudas, ésta es la pregunta más común que hacen las mujeres en lo que se refiere a comunicación, y la segunda más frecuente es: "¿Cómo puedo *hacer* que hable conmigo?".

Cuando me hacen esa pregunta, a menudo respondo: "¡Es que te tiene miedo!", y entonces obtengo esa mirada desconcertante, como si ella estuviese pensando: "¿Cómo es posible que me tenga miedo? Yo soy una mujer bajita, de cinco pies y tres pulgadas, y él mide seis pies con dos pulgadas y hace ejercicio en el gimnasio todos los días por la mañana. ¿Cómo es que me tiene miedo?".

Tiene miedo a tres cosas: el desaire, la interferencia y el consejo que no se ha pedido. Aquí hay un ejemplo de cómo es que funciona esto en la vida real.

José es supervisor de una compañía de construcción, y él regresa a casa de su trabajo con cara de que está molesto y enojado. Por eso su esposa le pregunta: "¿Qué te pasa?".

"Te diré qué es lo que pasa", él comienza a contarle, y durante los siguientes cinco minutos le hace un recuento con los detalles de los problemas que tuvo con su jefe en el trabajo. Betty lo escucha y luego responde: "¿Por qué le aceptaste eso? ¿Por qué no te le enfrentas como un hombre?".

Entonces ella dice: "Mira, esto es lo que tienes que hacer. Regresa a donde está él mañana y dile que no te puede tratar así, que si te habla así de nuevo, vas a presentar una queja ante la junta de obreros".

Entonces, ¿cuál es el resultado de esa conversación?

- Se desprestigió delante de ella.
- Él siente que ella está pensando que él es un cobarde.
- Él no quiere que ella le diga lo que tiene que hacer.

Un esposo, después de haber pasado por una situación similar a esa, me expresó: "¿Quién se piensa ella que es para decirme lo que tengo que hacer? Ella no estaba allí. Ella no sabe con lo que tengo que lidiar, y ella no tiene el derecho de decirme cómo tengo que efectuar mi trabajo. Yo no le digo a ella cómo tiene que hacer para realizar las tareas de la casa".

¿Qué sucede la próxima vez que haya un problema en el trabajo?

El esposo entra por la puerta y luce molesto, estresado y tenso. "¿Qué pasa?", le pregunta Betty, y él no contesta ni pío. No hay manera alguna en que el esposo vaya a repetir toda la historia de nuevo, para tan solo sentirse censurado por la manera en que manejó la situación.

Él se retira a su mundo y pone una barrera que puede ser el periódico, sus amigotes o la televisión, que sirven muy bien para que la voz de ella no se oiga en su mundo.

2. ¿Cómo puedo hacer que mi esposo hable conmigo? Él habla con sus amigos, inclusive con su madre, pero cuando yo le pregunto por algo, él no tiene nada que decirme.

La clave para esta pregunta es la frase "haga que mi esposo hable". Y la fría realidad es que no puedes hacerlo hablar, pero sí puedes animarlo. Mira cómo:

Haz preguntas. Cuando lo veas turbado, pregúntale: "José, me doy cuenta de que te pasa algo. ¿Te gustaría contarme?"

Escucha sin juzgar. Cuando critiques la situación, aunque no estuviste allí o no endientas el ambiente de trabajo, a tu esposo le cae mal que te sientes a juzgar lo que hizo. También hace que él se sienta desprestigiado por eso, que tú pienses que él trató el asunto no como un hombre de verdad. Su ego es frágil.

Ten cuidado a la hora de dar consejos. Puede ser de ayuda si dice: "¿Has valorado...(tal cosa)?" o "qué crees de esto?"

Muéstrate a su favor sin ser condescendiente.

Ofrécele unirte a él en oración, pidiéndole a Dios que haga lo que tan solo Él puede hacer.

Lucha por ser comprensiva.

Reconoce que él tiene sentimientos y dale chance a que esté listo para compartir.

Entonces, *escucha*, *parafrasea* (lo que te ha dicho), *y afirma*.

Para ser justos con los hombres, tengo que reconocer que la comunicación es una calle de doble sentido y, a veces, son los hombres los que piensan que sus esposas no se comunican. Por ejemplo, considera lo siguiente.

3. ¿Cuándo es el mejor momento para que los esposos se comuniquen?

Eso depende completamente de los horario que tengan. Sin embargo, te puedo decir cuando la comunicación está propensa a fracasar. No funciona cuando:

- Uno de los dos está cansado.
- Uno de los dos está estresado.
- Se está extremadamente ocupado y enfrenta plazos de entrega o terminación.
- Cuando tienes temas en tu mente que necesitan ser hablados
- Cuando se acaba de entrar por la puerta después de haber estado varado en un lugar por el tráfico, etc.

Por muchos años Jim y Joy Shaw trabajaron con nosotros en Guidelines (Pautas). Jim fue una de las personas más entusiastas, optimistas y emprendedoras con las que he trabajado. A veces llegaba a nuestra imprenta a las 5 a.m. para hacer que todo comenzara. Para el tiempo en que había estado 12 horas de pie en la imprenta, ya Jim se encontraba bastante agotado, y hubo momentos en los que Joy necesitaba hablar algo importante con él. Ella sabía que para cuando ya todo se hubiera calmado y estuviesen acostados, Jim se quedaría dormido, y ella se iba a quedar con las ganas de hablar con él unos minutos, pero era algo que no se podía lograr.

Así que, cuando se necesitaba hablar seriamente de algo, Joy decía: "Jim, siéntate. Necesito hablar contigo unos minutos", y de cierto, sabiendo Jim que esto era importante, accedía. Esa es parte de la gran relación que ellos tuvieron. Para ellos, esa era la mejor manera de comunicarse.

Por lo general, se necesita preparar el ambiente para la comunicación. Éste no es el tipo de cosas a las que se les puede poner un horario, digamos, entre las 7 p.m. y el noticiero. Tampoco funciona decir: "Mira, tengo diez minutos antes de irme para una reunión, así que vamos a comunicarnos".

Den una vuelta, tomen un café u otra cosa juntos, pasen algunas horas haciendo algo que ambos disfrutan y que los ayude a relajarse, apaguen el celular, y entonces enfóquense en lo que es realmente importante.

Hace algunos meses me encontraba sentado en una cafetería de Starbucks y observaba a dos parejas tomando café; por lo menos eso era lo que parecía. Una de las cuatro personas se encontraba hablando por teléfono; otra escribía un mensaje de texto mientras hablaba; otra hablaba y tecleaba en su asistente personal digital, mientras que otra estaba sentada mirando todo y completamente aburrida. En el grupo no estaba teniendo lugar nada de comunicación entre los miembros del grupo.

Solamente puede haber comunicación eficaz cuando valoras a la persona con quien quieres comunicarte por encima de las interrupciones que distraen y absorben la importancia de lo que queremos que se entienda. Antes de que quieras hacer varias cosas a la vez al hablar con alguien, pregúntate: ¿La persona con quien estoy hablando es más importante que las varias cosas que estoy haciendo? Recuerda tus prioridades.

4. Mi esposa y yo somos graduados de la universidad y ambos somos miembros activos de nuestra iglesia.

Solíamos poder hablar de todo—nuestros hijos, el trabajo, los amigos y nuestro futuro—pero ya no lo hacemos, y ahora parece que discutimos por todo y, por lo tanto, evitamos hablar de cualquier cosa que sea importante. Detesto lo que está pasando; me parece que estoy viviendo con alguien que me es extraña. Sé que ella habla con sus amigas, pero no conmigo. ¿Cree usted que ella esté interesada en otra persona?

Dé una mirada al "antes" y al "después". ¿Cómo eran sus vidas antes que ustedes tuviesen problemas de comunicación y qué ha pasado desde entonces? Ustedes solían tener tiempo para estar juntos, tiempos para salir a pasear y simplemente disfrutar estar juntos, tiempo para disfrutar la vida. Aunque tenían menos dinero que ahora, pasaban mucho más tiempo de calidad juntos, ¿verdad? Y extrañas esos tiempos.

Con las promociones y el éxito en tu trabajo, estás sufriendo de agotamiento en tu matrimonio. Es algo muy real, y uno de los síntomas es exactamente lo que acabas de describir. Estás estresado, y cuando están juntos se transmiten entre ustedes esas emociones, por lo que discuten por asuntos sin importancia que son triviales, y llega el momento en que evitan hablar de lo que es importante. Están pasando por alto lo que hace que el matrimonio sea grandioso.

El hecho de que tengas problemas con la comunicación, no quiere decir que tu esposa esté interesada en otra persona; no insinuaría eso.

Sin embargo, lo que describes debería ser un llamado de atención que te dice: "No me gusta la manera en que va nuestro matrimonio, y estoy tratando de hacer algo al respecto". Cuando se descubre que la comunicación fructífera es algo difícil y tenso, se crea un vacío que no es saludable.

Necesitas conversar con ella, y ella necesita conversar contigo. Ambos necesitan enfocarse en esos sueños, en sus esperanzas, en sus hijos y en Dios.

Esos son los asuntos importantes de su vida. No los dejen a un lado.

5. Mi corazón se apesadumbró cuando escuché su programa porque yo fui la que destruyó mi hogar. Yo pensé que estaba tomando la salida más fácil. Mi esposo sufrió mucho porque lo dejé por otro hombre. Nuestro matrimonio había tenido problemas desde hacía ya tiempo. No había comunicación.

Gracias por tu honestidad al confesar tu responsabilidad en lo que sucedió. Lo que dices: "No había comunicación", es como un epitafio sobre la lápida que yace sobre los restos de una relación que tuviste con alguien que amaste una vez. Cuando alguien muere, a menudo se le realiza una autopsia para determinar la causa de la muerte. Aunque quizás no resulte útil, me gustaría saber en qué punto y cómo comenzó a deteriorarse el proceso de comunicación en tu relación, porque estoy casi seguro de que cuando se casaron, sí se comunicaban, al menos en alguna medida.

Pocas son las personas que se casan con alguien con quien no se pueden comunicar para nada, aunque puede que se hayan visto señales de aviso que indicaran que habría problemas por delante.

Romper un matrimonio en donde la comunicación ha desaparecido nunca va a ser "la salida fácil", tal y como has descubierto, porque a menudo, cuando empacamos para irnos, tomamos con nosotros nuestras dificultades.

Debido a que soy optimista y creo que Dios es especialista en la cirugía plástica del corazón y puede revertir lo que parece una situación imposible, yo te animaría, si no es que ya te has casado con el otro hombre, a que consideres la posibilidad de restaurar la relación. Donde hay vida hay esperanza, y hasta que uno de los dos no se haya casado, hay esperanza.

6. ¿Está bien que yo me calle cuando ella está molesta?

La respuesta, para decirlo de manera sencilla, es que respondas con suavidad, intentando diseminar el asunto que ha causado la explosión (quizás hasta reconociendo y admitiendo tu complicidad en lo que causó que se pusiera así) y dándole un tiempo para que desahogue sus sentimientos.

Nunca está bien usar la ira y las lágrimas como armas de destrucción masiva. Cuando los hombres no pueden ganar un asunto con las palabras, a menudo acuden a la ira. Y así mismo, cuando las mujeres sienten que no pueden medir fuerza contra fuerza, dejan escapar las lágrimas, que a menudo hace que los hombres se pongan más rabiosos (sintiendo que las lágrimas son como un golpe bajo—que no van de acuerdo a las reglas para solucionar problemas).

Contrario a lo que a menudo la gente piensa, la Biblia no sugiere que todo tipo de ira es mala o pecaminosa, sino más bien condena el tipo de ira que es incorrecta. Moléstate por la razón adecuada, por el espacio de tiempo adecuado y con la persona adecuada, pero no dejen que el sol se oculte mientras estén enojados, tal como nos aconseja Pablo en Efesios 4:26.

7. ¿Cómo puede un hombre comunicar sus sentimientos sin sentirse vulnerable o rechazado?

Muchos hombres se han creído el mito de que una esposa no va a respetar a su esposo si él admite miedo ante las dificultades, o si él se muestra turbado por algo; y por lo que más tú quieras, no derrames una lágrima delante de tu mujer porque si no, ella sabrá que eres un flojo.

La realidad es que tu esposa te conoce por dentro y por fuera. Ella te ama a pesar de tus defectos, pero cuando estás dispuesto a ser vulnerable y a quitar la cortina de las ventanas de tu corazón y tu alma – y llegas a compartir tus emociones con ella – te acogerá y te amará más. ¡Así son las mujeres!

Cuando estuve hablando con un grupo de seminaristas, un joven quien también se encontraba pastoreando una iglesia, me dijo que él y su esposa nunca habían orado juntos. Yo encontré eso más bien extraño. He aquí un joven que guía a su congregación en oración, le dice a su congregación que debe orar; sin embargo, él y su esposa nunca se han tomado de la mano para orar juntos. Así que le pregunté el porqué.

Me contestó que la mayoría de los hombres piensan: "Sabes, si oro con ella, me temo que va a descubrir cuan débil soy y no me va a admirar como una persona fuerte".

¡Venzan eso ya, varones! Ser vulnerable puede que te sea difícil, pero trae consigo una buena recompensa. Produce intimidad, y la intimidad une más sus vidas.

8. Por favor, ore por nosotros. Mi esposo se ha marchado de la casa. Él no quiere hablar de eso, así que no sé por qué lo ha hecho; tan solo dice que no quiere seguir casado. Después de doce años, pensé que nos estábamos llevando bastante bien. No hubo ninguna señal de aviso.

Si yo te preguntara: "¿Cuántas personas hacen falta para que un matrimonio fracase?", probablemente dirías: "¡Dos!". Por lo menos eso es lo que la mayoría dice, pero la realidad es que solamente hace falta una para que diga lo que tu esposo dijo: "Quiero divorciarme".

Una de las cosas extrañas acerca del comportamiento humano es que algunas personas (casi siempre los hombres) manejan su inconformidad no queriendo hablar del asunto, ni enfrentarlo ni resolverlo, lo cual al final explota como la furia de un volcán. Aparentemente él hizo eso. "No hubo ninguna señal de aviso".

¿No hubo banderitas rojas, ninguna señal de que estaban tomando el camino equivocado y de que él no estaba siendo feliz? Lo que has escrito nos sirve a todos como un llamado a despertar. Cuando hay problemas, tienen que ser confrontados. Esa es la clave para hacer que un matrimonio funcione.

PAUTAS PARA LA COMUNICACIÓN EFICAZ

PAUTA # 1: EXPRESA LO QUE QUIERES DECIR Y LO QUE EXPRESES, QUE SEA EN SERIO.

No dependas de la comunicación no verbal – no siempre transmite el mensaje que quieres enviar.

Recuerda que, cuando dices algo, hay tres componentes en ello:

- Las palabras (quizás los hechos) de lo que estás diciendo
- La implicación (algo que implicaste, pero que realmente no dijiste)
- El significado de tu afirmación (lo que quisiste decir, pero que quizás no dijiste realmente)

PAUTA # 2: ESFUÉRZATE POR DESARROLLAR EL HÁBITO DE ESCUCHAR DE VERDAD

Una mujer fue de visita a Europa y encontró un lindo collar que ella quiso comprarse, pero temiendo a lo que su esposo pudiera decir, le envió un fax diciendo que el collar "sólo costaba 100 dólares". Él, raudo y veloz, contestó el fax que casi echaba humo diciendo: "¡NO, ES MUY CARO PARA TI!". Sin embargo, la transmisión de la vía telefónica no era buena y no se colocó coma alguna en el mensaje, por lo que decía: "¡NO ES MUY CARO PARA TI!". "¡Qué dulce de su parte!" – pensó ella, y usó su tarjeta de crédito para comprarse el collar. Déjame decirte que cuando ella llegó de vuelta a Estados Unidos, se armó la madre de todas las discusiones.

Desarrolla el hábito de escuchar realmente:

- Concéntrate en lo que escuchas – no en lo que quieres decir en cuanto la otra persona se detenga.
- Parafrasea lo que escuchas. Di: "¿Me estás diciendo que…?".
- Haz preguntas para aclarar. Mejor pregunta ahora para que no te lamentes después.

PAUTA # 3: PREPARA EL AMBIENTE PARA LA COMUNICACIÓN EFICAZ

No le sueltes a tu esposo(a) una "bomba" tan pronto entre por la puerta. Dale tiempo para que se relaje, luego háblale.

PAUTA # 4: PONTE EN EL LUGAR DE LA OTRA PERSONA CON LA QUE TE QUIERES COMUNICAR

Los psicólogos llaman a esto "juego de roles"; los cristianos lo llaman "la regla de oro"; yo lo llamo la vía más rápida y mejor para cambiar lo que podría ser un consejo de guerra en una conferencia de paz.

PAUTA # 5: TRATA EL PROBLEMA REAL

Cuando ustedes, mujeres, dan una pista de algo, los hombres no la captan. No es que ellos sean tontos; es que su sistema no tiene los circuitos y las antenas que tiene el de ustedes. En vez de decir: "¿Sabías que Mario y Elena van al cine el viernes por la noche?", di: "¿Sabes qué, Bartolo? Me gustaría ir al cine el viernes por la noche".

Cuando haya algo que conversar, no le des vueltas al asunto. Habla de lo que te interesa. Existe la tendencia que tiene la naturaleza humana de estarse andando por las ramas, en vez de ir al grano.

PAUTA # 6: PÍDELE AYUDA A DIOS Y OREN JUNTOS SI PUEDEN

La oración es comunicación, y si la persona con quien necesitas comunicarte ora contigo, vas por buen camino hacia una solución satisfactoria.

Capítulo 7

EL CONFLICTO Y TU MATRIMONIO

1. ¿Qué hace una esposa (que intenta ser buena esposa, según Proverbios 31) cuando se presentan en su matrimonio toda clase de conflictos, y su esposo se rehúsa a resolver o a ayudarla a resolver tales conflictos? Él se rehúsa a hablar de ellos y actúa como si nada estuviese mal.

Los conflictos no destruyen las relaciones; nuestra negación a resolverlos es lo que nos destroza. Algunos piensan que no debería haber conflictos en el matrimonio. Cuando dos personas se casan, traen consigo a su matrimonio diferentes formas de pensar (a veces hasta diferentes culturas), sus personalidades y sus temperamentos, y forman una nueva relación que está propensa a que surja el conflicto.

Entonces tenemos las irritaciones naturales de la vida cotidiana. Él quiere dormir con las ventanas abiertas y ella no; él es una persona noctámbula y ella es diurna; a él le gusta el rock, a ella la música clásica; él guarda de todo – pedazos de cable, radios que no funcionan, periódicos, guantes de béisbol viejos, ropas del año de la bomba – ella es tan limpia que su cocina es un espejo. Los polos opuestos se atraen entre sí, pero cuando hay demasiadas diferencias, tendemos a repelernos mutuamente.

Aunque esto te pueda resultar un poco incómodo, es interesante ver que los mismos conflictos que destruyen a los matrimonios hoy en día son los mismos que se describen en las páginas de la Biblia: infidelidad, valores en conflicto, diferencias generacionales, celos, deshonestidad y engaño; y las consecuencias de los conflictos sin resolver son muy parecidos a los de las vidas de los personajes bíblicos.

Pero siempre hay maneras de resolver esos conflictos. Permíteme brindarte cinco pautas que te ayudarán a lograrlo:

Pauta #1: Esfuérzate por entender a la persona con la que tienes conflicto. Necesitas preguntarte: "¿Por qué él/ella es así?", o preguntarte: "Si yo estuviera en su lugar, ¿pensaría como él/ella?".

En el libro titulado *And the Word Came With Power* [Y la palabra vino con poder], la misionera Jo Shelter cuenta acerca de su trabajo con los balangaos. Ella amaba a la gente con la que trabajaba y de la que llegó a ser una fehaciente protectora. Cuando la gente venía con falsas enseñanzas, ella los atacaba y quería que su padre adoptivo de la tribu hiciese lo mismo. Él estaba reacio a tratarlos de la manera que ella quería, y en respuesta a su insistencia, él se sentó y le dijo: "Hija mía, simplemente no sabes cómo discutir con otras personas".

¿Y cómo lo hacía él? "Él me sentó" – escribe ella – "y me explicó paso por paso cómo lidiar con el conflicto. 'En primer lugar, debes escuchar. Camina junto a la otra persona en su sendero y afirma cada punto que puedas, demostrándole así que la entiendes. Luego, cuando ya no se sienta amenazada y se percate de que entiendes su argumento, tómale de la mano y llévalo a donde quieres que vaya'".[6]

Pauta # 2: Ora por el conflicto que te agobia. En una pared del cuarto de mi abuela había un pequeño letrero que

6 Jo Shelter, *And the Word Came With Power* [Y la palabra vino con poder], pág. 116, 117.

decía: "¡La oración cambia las cosas!". Sí, es cierto, pero estrictamente hablando la oración cambia a las personas, y las personas cambian las cosas.

¿Qué sucede cuando oras por una situación? Por una parte, te calmas. La ira comienza a disminuir. Dios no obra tan solo en el corazón de aquél con quien tuviste el conflicto, sino en tu corazón también.

Pauta # 3: Habla con la persona con quien tuviste el conflicto. A menudo es preferible dar vueltas en una cama de vidrio molido que enfrentarse a las personas de un carácter difícil, pero el momento de tratar con el asunto es AHORA. Entiendo que hay culturas en las que la confrontación no es muy popular, pero es bíblica. Jesús mismo dijo a sus discípulos que eso es algo que debía hacerse, pero en privado. "*Por tanto, si tu hermano peca contra ti, ve y repréndele estando tú y él solos; si te oyere, has ganado a tu hermano*" (Mateo 18:15, RVR60). Si eso no sirviese, Jesús dijo que deberías traer un testigo junto contigo, y si eso tampoco sirviese, el asunto debe traerse delante de toda la congregación (la iglesia).

Anteriormente te dije que tú escoges el tiempo, la forma y el lugar para la confrontación. *Esto es algo fortalecedor*. Habiendo tratado de identificarte con la persona, y habiendo orado sinceramente, puedes decidir cómo vas a discutir los asuntos que los separan.

La manera en cómo lo vas a hacer es de suma importancia. Es una provocación decir: "Tú…". Por naturaleza estamos a la defensiva; por eso pronto saltamos para defendernos, pero cuando escuchamos palabras tales como: "Mira, valoro demasiado mi relación contigo como para dejar que algo se interponga entre nosotros, y yo siento que algo ha sucedido. Seguramente he hecho algo para herirte y necesito tu ayuda para darle solución a esto" – la otra persona queda desarmada. Es difícil golpear a alguien con el puño cerrado ¡cuando esa persona te extiende su mano abierta para ayudarte!

Pauta # 4: Da el primer paso hacia la reconciliación. ¿Qué te interesa más: ganar la discusión o restaurar la relación? En ocasiones, las diferencias de género se interponen en esos momentos porque los hombres son más fuertes físicamente, pero las mujeres son más verbales. Los hombres se molestan y alzan la voz mientras que las mujeres tienden a llorar y se conmueven. Tanto las lágrimas como el temperamento se convierten en armas para nuestro uso.

Pero recuerda, cuando hay un conflicto, hay dos lados – el tuyo y el del antagonista. Estás en dirección a una colisión, y hay que cambiar el rumbo. Tu meta es borrar la línea que los separa; así que ganar no es tu objetivo, ¿de acuerdo? Así que calma el temperamento y contén las lágrimas.

Hay dos pasos que se hacen necesarios: negociación y compromiso. Nadie gana todo el tiempo; así que no lo intentes. Una muchacha en cierta ocasión me dijo: "Antes de casarnos, él era el Sr. 'Tengo la Razón', y desde entonces siempre ha sido el Sr. 'Siempre Tengo la Razón'".

El compromiso es clave para resolver el conflicto.

Nunca olvidaré la ocasión en que una pareja ya mayor me iba a ver en busca de ayuda para su matrimonio de muchos años, pero que estaba muy trastornado. No importa lo que uno dijese; el otro contradecía lo dicho.

Después de un fin de semana de festejos, ambos se sentaron en mi oficina.

"¿Tuvieron un buen fin de semana?" – les pregunté.

"Sí" – respondió el esposo – "tuvimos un tiempo maravilloso."

"No, no lo tuvimos" – dijo la esposa, a lo cual añadió – "¡fue un fin de semana terrible!"

Miren, ¿qué se logra con esto? ¿Cómo es que nos metemos en esa forma de pensar negativa de que tenemos que corregir cada cosa que el otro dice? "No busques lucha con lo insignificante" – dice un cartel con algo añadido en letras más pequeñas debajo: "¡Como quiera que sea es insignificante!".

Pauta # 5: Perdona y sigue adelante. En primer lugar, debo enfatizar en aquello que *no* es el perdón. Como mencioné anteriormente, no es decir: "Lo que me hiciste está bien"; no es tirarte por el piso para que el otro te pase por encima una y otra vez. No es alejarme de lo que está mal o simplemente ignorar lo que ha sucedido. Todas estas concepciones erradas contribuyen a que se tenga una idea negativa de lo que es el perdón.

Además de esto, el perdón va en contra de nuestra naturaleza, la cual exige que se pague ojo por ojo y diente por diente, lo cual resulta en un daño por otro daño. "Si él me lo hizo a mí, entonces yo tengo que hacérselo a él, ¡pero esta vez se lo voy a hacer para que se lo sienta!" ¡Esto así que no funciona! La solución de ojo por ojo y diente por diente termina en que se van a quedar ciegos y desdentados.

Rehusarse a perdonar es devastador tanto física, como emocional y espiritualmente. Es veneno para tu cuerpo, el cual va a cobrártelo con tu salud. Te deja incapacitado emocionalmente, sin poder seguir adelante con tu vida y tu futuro, y también coloca una barrera entre tú y Dios. Si no lo crees, recuerda lo que dijo Jesús: "*Mas si no perdonáis a los hombres sus ofensas, tampoco vuestro Padre os perdonará vuestras ofensas*" (Mateo 6:15, RVR60).

Perdón significa que renuncio a mi derecho de hacerte daño aunque tú me lo hayas causado a mí. Significa que tomas lo mal hecho y dices: "Dios, pongo esto en tus manos. Es una carga demasiado pesada para yo llevarla. Tú puedes tratar con (fulano de tal) mejor que yo, por lo que te pido que trates con todos nosotros. Por favor, dame la gracia para desprenderme de esto y seguir adelante".

2. ¿Perdonar a un esposo, que continúa engañando y odia a su esposa, significa que ella tenga que retomar

su relación como esposa? ¿Perdonarlo puede significar no odiarlo, seguir orando por él y estar dispuesta a permanecer como su amiga, pero sin acostarse con él?
La respuesta sencilla a esta pregunta es "no" y "sí", pero necesito ser más claro en esto. Uno de los temas relacionados con el adulterio es el hecho de cómo uno de los cónyuges hace sentir al otro – desvalorado, traicionado, degradado. La palabra griega que usó Jesús y que es traducida como "perdonar" significa "abandonar algo". Eso lo hacemos cuando abandonamos lo malo que hayamos estado llevando a cabo. Pero nuestras acciones van acompañadas de consecuencias, y cuando un hombre presenta un patrón constante de engaño e infidelidad, él no tiene derecho a esperar tener la misma intimidad que disfrutó en el inicio de la relación. La relación entre un esposo y una esposa implica una profunda intimidad, la cual se destruye a causa de la infidelidad.

Pero es muy liberador darse cuenta de que nadie puede impedirte que perdones, que ores por esa persona, y que trates a esa persona con compasión y bondad.

Tal y como lo indiqué en la sección sobre la infidelidad, la intimidad se puede renovar de nuevo a medida que se vaya restaurando la confianza.

3. ¿Se puede perdonar y no olvidar? ¿Qué hacer entonces? ¿Cómo manejamos el dolor cada vez que nos vienen los recuerdos?
Tratemos cada uno de estos temas por separado.

En primer lugar, recordamos porque somos humanos. Sin embargo, Dios pone a un lado tu faltas (o las faltas de quien te hirió) como si nunca hubieran sucedido. Isaías 43:25 (RVR60) registra las palabras de Dios cuando dijo: "*Yo, yo soy el que borro tus rebeliones por amor de mí mismo, y no me acordaré de tus pecados*". Eso es una buena noticia, pero aunque perdones, vas a recordar.

Entonces, ¿qué haces cuando ves algo, hueles algo o ves a alguien que te hace recordar de nuevo lo que pasó? A veces es necesario orar: "Señor, sabes que ya he perdonado a esa persona, pero esos sentimientos de rencor vienen a mí otra vez; por lo tanto te los entrego. ¡Me rehúso a dejar que se arraiguen en mi corazón!".

Recuerda que cuando Pablo escribió a los corintios, habló acerca de llevar cautivo "*todo pensamiento a la obediencia a Cristo*" (2 Corintios 10:5, RVR60); y tú puedes hacer lo mismo cada vez que vengan esos pensamientos negativos a querer robar la paz de tu mente.

4.¿Cuántas veces debo perdonar? ¿Y si la ofensa se repite una y otra vez?

Esa misma pregunta estuvo en la mente de un pescador que se había convertido en seguidor de Jesucristo. Su nombre... ¡Pedro! Un día él se acercó a Jesús y le preguntó: "*Señor, ¿cuántas veces perdonaré a mi hermano que peque contra mí? ¿Hasta siete?*" (Mateo 18:21, RVR60). En verdad, Pedro, sabiendo que los rabinos de su tiempo decían que se necesitaba perdonar solamente tres veces, pensó que estaba siendo bastante generoso. ¡Siete! Por un momento piensen en Pedro en términos de su ocupación – pescador.

Los pescadores que conozco creen que son los dueños de las aguas donde pescan; y Pedro, sin dudas, no era la excepción. Supongamos que él y Andrés, su hermano, salieran en su bote y, cuando se estuviesen acercando a su lugar favorito para pescar, he aquí otro bote que pertenece a alguien del otro lado de Galilea. Pedro toma nota de esto, pero lo mismo sigue pasando el segundo día, el tercero y así en adelante. La mayoría de nosotros—incluyéndome yo—no esperaríamos siete días para decir algo.

Pero Jesús no lo felicita diciendo: "¡Buena actitud, Pedro!". Más bien, le responde diciendo: "No te digo hasta siete, sino aun hasta setenta veces siete", lo que es decir 490 veces. Bueno, ya eso es algo más concreto. Haz entonces un talonario de perdón, entrégale un vale de perdón cada vez que esa persona te ofenda, y cuando llegues al final... ¡BAM! ¡Que lo sepa! ¡No más perdón para él!

Pues no, eso no es lo que Jesús estaba diciendo. Él estaba diciendo que nuestro perdón no debe tener límites. Yo he oído a gente decir: "Está bien, te perdono esta vez, pero si lo vuelves a hacer, ¡me voy de aquí!". Eso no es perdón. Eso es "mostrar determinación", lo cual no es lo mismo.

Pero hay algo más que necesita decirse al respecto. Aunque Dios no quiere que le pongas límite al perdón, Él no te está pidiendo que permanezcas en una situación dañina o en una relación abusiva. Esa es otra situación a la que nos referiremos en otra sección.

5. No estoy seguro de si he perdonado a alguien. Creo que sí, pero en ocasiones recuerdo lo que sucedió, y todos esos malos sentimientos vuelven a mí y me siento otra vez airado. ¿Cómo puedo saber que realmente le he extendido el perdón a alguien que me hizo daño?

El proceso de sanidad no es instantáneo, como tampoco lo es cuando a una herida se le aplica antibióticos y una venda. Uno no dice simplemente: "Bien, te perdono", y entonces continúa con su vida como si nada hubiese sucedido. Esto es un acto y un proceso a la vez. Quizás haga falta semanas y hasta meses para que se termine el proceso de sanidad, pero aquí estamos hablando de dos cosas diferentes—una tiene que ver con cómo te sientes y la otra, con lo que haces.

En primer lugar, el perdón es un acto—un asunto de tu voluntad, una decisión racional que tomas; y la segunda parte es el proceso que toma tiempo hasta que ocurre la sanidad emocional. Yo también pienso que Satanás, quien conoce bien nuestras debilidades y se deleita en nuestro sufrimiento y derrota, va a traer a nuestra mente pensamientos perturbadores de cosas que ya hemos perdonado, para entonces así volver a traer a nuestra vida más dolor emocional, la derrota, la ira y la frustración que experimentamos antes del momento en que dijimos: "Te perdono".

Es entonces cuando debemos orar: "Señor, he perdonado a (nombre de la persona) por haberme hecho esto; por lo tanto, tomo mis sentimientos emocionales y los coloco en tus manos. Los rindo todos a ti. Tómalos, y que tu paz llene otra vez mi corazón". Si no estás seguro de que hayas perdonado a alguien, las siguientes ocho preguntas, sugeridas por Philip Wagner en un folleto titulado *Healing a Broken Heart* [Sanando al corazón herido], te ayudarán a ver el asunto aún con más claridad.

1. ¿Estás dispuesto a hablar del mal que te hicieron? A menudo, la persona que se niega a hablar del asunto, simplemente está sellando la ofensa en una celda profunda dentro de su corazón, algo semejante a colocar la memoria en una bóveda oscura de donde pueda ser retomada cuando se quiera, algo como un arma que puede ser usada en el futuro. Hablar del asunto (no el buscar más detalles, sino más bien compartir sentimientos e ideas) puede ventilar la herida. Esto incluye que se ore juntos, permitiendo que Dios sea el que controle tus pensamientos y sentimientos.

2. ¿Asumes parte de la responsabilidad en algo de lo que pasó? ¿O eres del tipo de persona que dice que la culpa no fue suya, y por eso haces responsable a la otra de lo que sucedió? Sí, hay veces en las que la falta del mal ocasionado descansa en gran parte sobre la otra persona; sin embargo, una señal de una persona saludable es la capacidad de reconocer la responsabilidad personal, no importa a dónde conduzca.

3.¿En ocasiones te ves reaccionando ante alguien que te recuerda a la persona que te ofendió? El que transfieras tus sentimientos hacia una persona inocente es evidencia de que todavía guardas rencor, quizás hasta odio, por alguien a quien nunca has perdonado realmente.

4.¿Puedes pedirle a Dios con sinceridad que bendiga a la persona que te causó mal? Recuerda que Jesús nos dijo que debemos orar por nuestros enemigos, incluyendo a aquellos que nos persiguen y ultrajan. El que tú puedas hacer eso es una prueba de que tu perdón es real y auténtico.

5.¿Crees que el perdón es esencial en la vida cristiana? En otras palabras, ¿crees que Jesús estaba hablando en serio cuando le dijo a sus discípulos que si no se perdonaban entre ellos, Dios tampoco los perdonaría? (ver Mateo 6:14-15).

6.¿Estás esperando el momento de la venganza o del resarcimiento? Aquí hay una diferencia: venganza quiere decir que quieres desquitarte, es decir, ojo por ojo y diente por diente, pero resarcimiento quiere decir que estás esperando algún tipo de restitución o compensación – un regalo, algo que influya lo suficiente en ti como para que dejes de aferrarte al dolor causado.

7.¿Le sacas provecho a algo malo que haya hecho esa persona en el pasado? Realmente esa es una forma de chantaje. Te "aprovechas" de la otra persona que te hirió para que te haga favores especiales, te aprovechas de su sentido de culpa, quizás nunca diciendo nada, pero sutilmente haciendo que le dé vueltas en su cabeza el daño que causó. A veces ese chantaje emocional es directo, es decir, sin ser sutil; cualquiera que sea el caso, si esto está presente, es que todavía estás necesitando perdonar.

8. Pregúntate una vez más: "¿Acaso he perdonado de verdad?" Esa es una pregunta que solo tú puedes responder, pero tú sí lo sabes, al igual que Dios, y probablemente también la persona a quien gustaría muchísimo que la perdonaras de verdad.

Si en lo profundo de tu corazón sabes que dijiste las palabras "te perdono", pero que no estabas siendo sincero, sabes que tienes un asunto por terminar. La sanidad emocional nunca tendrá lugar hasta que perdones de verdad, al soltar la carga que hasta ese momento has llevado. Quizás esto signifique que también le hagas saber a la otra persona que la has perdonado de verdad, lo cual es algo que te puede dar vergüenza, pero que es importante. Esto finaliza la transacción, permitiendo que la sanidad emocional y espiritual llegue a su término.

6. Cuando llega el celo profesional al matrimonio, ¿es la esposa la que debe renunciar a su trabajo/cargo y dejar que su crecimiento se reprima, para de esta manera evitar que la relación se dañe? Si es así, ¿cómo puede alcanzar ella su máximo potencial como individuo?

Dejar tu trabajo tan solo para apaciguar a un esposo inseguro que le remuerda que hagas más dinero que él, o que tengas una posición más prestigiosa que él, tan solo produce resentimientos en ti como esposa; y a la vez, ésta no es una solución a largo plazo para el problema de tu esposo.

El asunto es que, en el caso de muchos hombres, aunque les guste que entre dinero para la familia, se sienten incómodos de que sus esposas ganen más que ellos. Hay hombres que pueden demostrar esa inseguridad haciendo comentarios insidiosos o tratando de desacreditar a la esposa delante de otros, lo cual es un intento solapado de emparejar el campo de juego. Sin embargo, se necesita confrontar la situación.

Hay casos en los que algunas mujeres, quienes sobrepasan en inteligencia, dones y salarios a sus esposos, crean una situación en la que los esposos sí se sienten molestos. Ella hace hincapié que es la que más gana y lleva la carga financiera del hogar. Para un esposo eso es algo degradante y bochornoso.

Para aliviar la disparidad en salarios y posiciones, debes mostrarle a tu esposo que tú lo sigues honrando y que reconoces su importancia como padre.

Hay mujeres que practican la regla de oro ("quien tiene el oro pone las reglas"), y se les ha olvidado que el matrimonio que Dios quiere es una sociedad en la cual cada uno contribuye según su capacidad y recibe según su necesidad. Lo que cada uno de ustedes tiene pertenece a *ambos*. Tu matrimonio es una sociedad de iguales, en la cual cada uno de ustedes tiene ciertas habilidades y destrezas que contribuyen a que ganen como un equipo. Es muy raro que funcione un matrimonio en el cual el esposo tenga su dinero, y la esposa tenga el *suyo*. Ustedes necesitan pensar en términos de lo *nuestro*, como una pareja y un equipo, no en términos de "lo mío" o "lo tuyo".

Les recomiendo que se sienten y hablen del asunto. Dejen claro el hecho de que sienten la tensión y quieren eliminarla. Anímalo a él a hablar acerca de sus sentimientos, y asegúrate de expresar los tuyos. Que él sepa que tú estás en su equipo y que lo honras como el cabeza de familia; haciendo eso habrás recorrido un largo camino hacia una solución. Tu actitud es clave para disipar la inseguridad que tiene tu esposo.

Capítulo 8
ACERCA DEL DIVORCIO Y DE VOLVERSE CASAR

1. ¿Qué dice la Biblia acerca del divorcio? ¿Qué piensa Dios de esto?

Alexander Pope, el poeta británico, en cierta ocasión escribió: "El vicio es un monstruo con un semblante tan aterrador, que para odiarlo sólo hace falta verlo; pero visto demasiadas veces, familiarizados con su rostro, primero sentimos pena, luego lo toleramos y después lo abrazamos".

Considerando lo que ha acontecido en nuestro mundo, especialmente en relación con el matrimonio y el derrumbe del hogar desde la Segunda Guerra Mundial, cabe decir que lo que Alexander Pope describió está sucediendo. Al final de la Segunda Guerra Mundial, se tomaba muy en cuenta los valores familiares tradicionales; aunque había infidelidad (y siempre la ha habido), los matrimonios tradicionales constituían el pegamento que sostenía a la sociedad. Sí, es cierto que nuestros abuelos no siempre estaban de acuerdo, y en ocasiones hasta fueron infieles; sin embargo, su matrimonio sobrevivió.

A medida que las costumbres y las actitudes hacia el divorcio eran menos enérgicas en Estados Unidos y en otras partes del mundo, fue solo cuestión de tiempo que esas actitudes fueran asimiladas, y lo que una vez fuera condenado, poco a poco fue acogido. "Después de todo, somos humanos", decimos para justificar nuestras irresponsabilidades.

Nos estaríamos engañando si negamos que las últimas cuatros décadas han visto cambio radicales en nuestras costumbres y comportamiento. Si el término "hogar roto" es sinónimo de divorcio, entonces debemos reconocer lo que está sucediendo en todo el mundo a medida que la sociedad cambia, así como la unidad familiar.

¿Qué sucede realmente cuando un matrimonio fracasa, ya sea por divorcio o simplemente porque cada cual toma su camino? Hay siete consecuencias que a menudo no se tienen en cuenta:

1. Tu meta de felicidad no se cumple. Disfruto mucho unir el lazo de dos personas que se paran delante de mí – a sólo unos pies de distancia – con amor ardiendo en sus corazones, gozo en sus expresiones y ternura en sus sonrisas. Como el ministro que está oficiando la boda, tengo la mejor vista de todo el lugar (recordemos que una pareja que se casa pronuncia sus votos de espaldas a los invitados, pero de frente al que los guía en sus votos). Me siento casi como un espía mientras veo las íntimas expresiones de amor que intercambian con sus votos.

En ocasiones he contrastado esas miradas con las miradas de ira que veo en una pareja que viene a donde estoy en busca de ayuda para su matrimonio, y yo me pregunto: "¿Qué pasó con el gozo que experimentaron hace tan solo algunos años, o quizás meses?". Cuando se sientan, me doy cuenta de que el esposo aprieta los músculos de su mandíbula; sus puños están cerrados. Está molesto. También me percato de las manchas rojas que aparecen en el cuello de la esposa – una reacción nerviosa cuando se batalla contra el llanto.

2. El hogar deshecho representa fracaso, lo cual nadie espera cuando se casa. Cuando dos se acercan al altar para casarse, esperan que el mismo cielo baje y toque sus vidas con alegría, felicidad, bendiciones y contentamiento. La mayoría de las personas son realistas en cuanto a que en el matrimonio no todo es color de rosa, pero nadie se casa pensando que dentro de pocos años va romper el pacto matrimonial, y cuando eso sucede, se sufre.

Existe una fusión que tiene lugar cuando dos vidas se entrelazan en el nivel más profundo; y cuando el matrimonio fracasa, tu vida misma sufre y queda herida en lo profundo a causa del desgarro. Ciertamente puedes comenzar otra vez, pero será otro comienzo. Tu primer beso, tu primer abrazo, aquél a quien diste tu corazón poco a poco, finalmente llegaste a darle el regalo de ti mismo(a), y para esas experiencias que son "primeras" nunca, pero nunca más existe de nuevo una "primera vez".

3. Dos personas que se sienten culpables. Aunque sea cierto que uno de los dos cargue con la mayor responsabilidad del fracaso del matrimonio, ambos se sienten culpables – el que quizás fue infiel, que *debería* sentir culpa, así como el que fue abandonado, que piensa: "Si quizás hubiese sido mejor esposo(a), si hubiese sido mejor parecido (o más bonita), si hubiese cocinado mejor, si hubiese estado más atento(a), si hubiese sabido escuchar…" o cualquier otra cosa. La lista puede ser interminable.

4. La vida de tus hijos se afecta. Por muchos años el dogma adoptado era: "Va a ser mejor para los niños que cada cual siga su camino, a que estén en un hogar donde constantemente haya discusión y desacuerdos". Mucha gente se creyó esa lógica, pero una generación después de haberse adoptado, hemos llegado a entender que sencillamente eso no es cierto.

Es mucho mejor para los hijos estar en un hogar que quizás no sea perfecto, pero aun así es preferible al hogar donde falte uno de los padres, lo cual lo va a privar de su presencia. Además, estadísticamente si un niño creció en un hogar en donde le faltó uno de sus padres, ese niño está propenso a que en un futuro suceda lo mismo en el hogar que forme, a diferencia del niño que creció en un hogar junto a sus dos padres. Sin embargo, esto no es una regla estricta e irreversible, pues, por la gracia de Dios los corazones y las vidas son cambiados, y si tú creciste en un hogar sin uno de tus padres, todavía puedes tener el tipo de matrimonio que quieres tener con la ayuda de Dios.

5. Se contrita al Espíritu de Dios. Con sencillas y pocas palabras, Dios le dio su perspectiva sobre el divorcio al profeta Malaquías: *"Porque yo detesto el divorcio"* (Malaquías 2:16, LBLA). Cuando Dios dice que detesta algo, más vale que prestemos atención.

6. **Enfrentas un estrés sin precedentes.** No hay nada que cree más estrés que ver a tu familia desmoronarse. Todo se comienza a complicar—reuniones familiares, celebraciones, cumpleaños, vacaciones, ¡todo!

7. Enfrentas mayores problemas financieros. Si eres papá, te sientes responsable de tus hijos (y deberías, porque tú eres la razón por la que fueron traídos al mundo), y no hay modo alguno en que se pueda proveer adecuadamente para dos familias a la vez, así que todo el mundo se perjudica.

LA SOCIEDAD Y EL DIVORCIO

Hoy en día el punto de vista secular respecto al divorcio es que los hombres y las mujeres tienen diferencias; sus emociones cambian, como también cambian las circunstancias de sus vidas. Por eso pensamos que si una persona no ama a su cónyuge, o viceversa, ya no hay necesidad de permanecer en la relación. Además, razonamos que es dañino para los hijos crecer en un hogar donde hay peleas y discusiones; por lo tanto, que es mejor la separación o el divorcio.

Hay tres actitudes que prevalecen en los círculos religiosos hoy en día:

1. El divorcio es inaceptable bajo cualquier circunstancia
2. El divorcio es aceptable como una necesidad social
3. El divorcio es aceptable en donde hay infidelidad

¿QUÉ DICE LA BIBLIA RESPECTO A ESTO?

El Antiguo Testamento nos dice que Moisés permitió el divorcio por causa de la dureza de sus corazones (Deuteronomio

24:1-4). Sin embargo, al citar este pasaje, Jesús señaló que esto no era así desde el principio, enfatizando el hecho de que el matrimonio hace que dos sean una sola carne.

En el Nuevo Testamento hay cinco pasajes que tratan acerca del matrimonio (Mateo, Marcos y Lucas, todos ellos registran conversaciones en las que Jesús habló acerca del tema; y Pablo, al escribir a los corintios, también da indicaciones a la persona cuyo cónyuge no es creyente, y éste decide que ya no quiere vivir con él/ella. Ver Mateo 5:31,32; 19:1-8; Marcos 10:2-4; Lucas 16:18 y 1 Corintios 7:12-15).

Con cinco pasajes, incluyendo los comentarios de Jesús mismo, tal parece que este asunto debería estar resuelto y quedar más claro que el agua de una vez y por todas, ¿verdad?

¡Pues no!, y a continuación se explica por qué no. Mateo, al reflejar un marco de referencia judío, introduce una frase en su debate la cual se omite en Marcos y Lucas. La a veces llamada "cláusula de exclusión", dice que el divorcio es incorrecto excepto en caso de "infidelidad marital" o "infidelidad sexual". Es bastante probable que Mateo se estuviese refiriendo a la infidelidad durante el tiempo de compromiso (antes de que una pareja se uniese como matrimonio).

Cuando los fariseos quisieron discutir con Jesús, trataron de ir un poco más allá (siguiendo la práctica de un rabino popular, quien enseñaba que el divorcio era aceptable casi por cualquier razón—que se le quemara el pan, que no mantuviese bien la casa, etc.).

Sin embargo, Jesús enfatizó el hecho de que el plan de Dios para una pareja que se unía ¡era que se mantuviese unida!

Pablo, al escribir a los corintios, cuya sociedad era pluralista, saturada de vicios sexuales, muy semejante a lo que conocemos hoy en día en el siglo veintiuno, reconocía que algunos que no eran creyentes encontrasen que la relación con un cónyuge creyente sería muy limitada y quisiesen salir de la misma. El consejo de Pablo es que se permanezca dentro del matrimonio siempre que sea posible, pero si la otra persona escoge marcharse, "*no se lo impida*", y añade además que "*el cónyuge creyente queda sin obligación*" en un caso como ese.

Bien, ¿cuál es la esencia de todo esto? Sugiero lo siguiente:

1. Dios quiere que Sus hijos resuelvan el conflicto y salven el matrimonio.

2. Si ha habido infidelidad, el divorcio está justificado, ¡aunque lo que tienes *derecho de hacer* no necesariamente *es lo correcto*! Demasiadas personas son las que dicen: "Tengo derecho a salir de este matrimonio por razones de infidelidad", sin intentar reconstruir la relación (ver la sección sobre las relaciones extramatrimoniales).

3. Si un creyente es rechazado por el cónyuge no creyente, y éste decide finalizar la relación, debe dejar que el no creyente dé el paso de disolver la relación. Que sea él o ella la que lleve el proceso de divorcio; por otra parte, continúa orando por tu cónyuge, pidiéndole a Dios que haga lo que tan solo Él puede hacer, y lucha por vivir el tipo de vida que refleje a Cristo.

4. Con el divorcio viene el derecho de volverse a casar con un hermano(a) en la fe. Aunque no hay ningún texto en Biblia que respalde esto, tampoco hay ninguno que lo prohíba, y hay dos factores que me llevan a esta afirmación. Primero, Dios creó la raza humana de manera tal, que estar acompañado no es algo que tan solo se prefiere, sino que es como mejor se satisfacen las necesidades. Fue por esta razón que Dios trajo a Eva a la vida de Adán. Además, los rabinos del tiempo de Jesús enseñaban esto, y el argumento del silencio es que, al Jesús no repudiar esa creencia, también la aceptaba.

2. Le he oído decir que usted no está a favor del divorcio, pero que sí está a favor de las leyes del divorcio. ¿Podría, por favor, explicar lo que quiere decir con eso?

He pasado la mayor parte de mi vida adulta proclamando las Buenas Nuevas de tal manera que las vidas de hombres y mujeres queden influenciadas. Entender el plan de Dios y Su propósito para la familia marca la diferencia en la manera en que vivimos y nos tratamos.

La familia no es algo que Dios introdujo en el modelo de la creación por añadidura, sino que es el centro del plan de Dios porque, desde el principio, Dios nos puso en familias. Pienso en la familia como un acuerdo único de personas que Dios unió – personas pequeñas y grandes, jóvenes y adultas, fuertes y débiles, hábiles y no hábiles, seguras y buscando seguridad – y él nos une a todos en esta unidad que llamamos familia.

Hay momentos en que alguien de esa familia escoge marcharse lejos del grupo; a eso lo llamamos un hogar roto, y cuando esa persona toma la decisión de irse, todos son afectados.

Entonces, cuando un hombre se casa, él asume la responsabilidad por su esposa, y luego por los niños que traerá al mundo, quienes también son parte de esa familia. Dios detesta cuando el corazón de un hombre se desvía, o cuando otra mujer cede ante los pedidos de otro hombre.

Las leyes se han puesto para proteger a los inocentes, y por lo general, el divorcio (que en algunos lugares cuesta bastante dinero) provee cierta protección a la esposa y a los hijos de aquellas que son abandonadas cuando el esposo decide que ya no quiere seguir más casado. Pero los individuos que son pobres no tienen dinero para una representación legal (en los países donde esto resulta caro) ni para el proceso que lleva el divorcio.

Entonces, ¿qué sucede cuando el corazón de papá se extravía? Él vive con otra mujer mientras todavía sigue legalmente casado con la mujer de su juventud y, a veces, la deja desamparada financieramente y sus hijos sufren.

Tomemos por ejemplo a Mario (no es su nombre real, pero la situación sí lo es). Él se casó con su dulzura del preuniversitario, pero en el pueblo donde vivía no había trabajo; así que se fue a una ciudad grande a vivir con un tío suyo y empezó a trabajar en un restaurant. Un fin de semana sí y otro no, él tomaba un autobús para ir de regreso a casa. En los tres años siguientes, él y su esposa trajeron tres niños al mundo. Poco a poco, él se fue cansando de tomar el autobús y, además, se les hacía caro. Así que adoptó la mentalidad de "si no estás cerca de la que amas, ama a la que está cerca". Entonces Mario conoció a Lola, quien trabajaba junto con él (ahora se encontraba trabajando en una oficina con mejor salario), y comenzó a flirtear con ella. Lola sabía de la esposa de Mario, pero puedes estar seguro de que la esposa de Mario no sabía acerca de Lola. Tan solo fue cuestión de tiempo hasta que los dos comenzaron a intimar, y él se mudó junto con ella compartiendo el pequeño apartamento y la renta.

Cuando finalmente la verdad se descubrió, ya Mario había tenido dos hijos con Lola, y cuando su esposa supo de su "segunda familia", quedó completamente devastada.

He conocido de casos en los que el esposo se ha marchado dejando atrás a la esposa y a siete hijos, que han quedado desamparados. Si no hubiera sido por la bondad de familiares y amigos, hubieran sufrido y pasado hambre, mientras que el padre prefería copar de regalos a una jovencita cuya edad era igual que la de su hija mayor, y a quien no le importaba en lo absoluto su familia.

¿Y qué amparo legal tiene esa esposa? Las leyes que hagan responsable a un hombre por su mala conducta son la única protección que ella tiene, pero mientras no se dicte la sentencia, ella queda a merced de sus amigos y familiares.

3. ¿Cree usted que los matrimonios pueden llegar a un punto en donde ya es imposible salvarlos? Si es así, ¿cómo se sabe que se ha llegado a ese punto?

Hay situaciones en las que se ha llegado a un caos tal, que la vía más rápida para la sanidad y la restauración es poner distancia entre la persona traicionada y el que traicionó. Hay algunos individuos, casi siempre hombres, que continúan su patrón de traición e infidelidad porque piensan: "Ella no va a hacer nada al respecto; así que, ¿por qué no seguir haciéndolo cada vez que pueda?".

La parte difícil es cuándo decir: "¡Basta!" Mientras exista esperanza de mejores días, mientras haya aliento en uno, vale la pena permanecer en la relación. Pero cuando se ha orado de corazón, se ha esperado, se ha buscado el consejo de individuos consagrados y preocupados, y tu corazón ya no sienta nada que lo impulse, sólo entonces se podría decir que estamos en un punto donde no hay vuelta atrás.

Antes de que llegues allí, tómate un tiempo para leer el libro de Oseas en el Antiguo Testamento. Oseas era un hombre de Dios que se casó con una mujer cuyo corazón se desvió, que dio a luz un hijo que él no engendró, y quien se había vuelto a sus amantes como una prostituta. Sin embargo, él la amó, la compró del mercado de esclavos y la restauró como su esposa.

Esta es la imagen de lo que Dios quería hacer con Israel, también es una imagen de lo que Dios hace con nosotros cuando hemos pecado y hecho algo que parece imperdonable.

Por muchos años una mujer fungió como recepcionista en nuestras oficinas en Estados Unidos. Su esposo se había divorciado de ella, y por siete años habían vivido separados. Entonces, un día, ambos se encontraron en un hospital al cual habían ido para ver a la hija de ambos. Allí hablaron. Jane sintió que algo le había pasado a Ed, quien ahora era un miembro activo de una pequeña iglesia. En esos siete años Dios había cambiado su corazón, y él comenzó otra vez a cortejar a Jane.

Luego tuve el privilegio de volverlos a casar. Dios hizo lo que muchos pensaron que no podría suceder.

No limitemos a Dios, quien no conoce "el punto donde no hay vuelta atrás" cuando su plan es responder la oración en su tiempo, a su manera y donde él quiera.

4. ¿Cómo trata usted con un matrimonio en donde una de las partes afirma que ya no tiene ningún interés en salvar el matrimonio?

La realidad es que, para que un matrimonio sobreviva, ambas partes deben comprometerse con la relación, y cuando una de ellas no tiene ningún interés en salvar el matrimonio, en realidad, esa persona se encuentra condenada a ver que su matrimonio fracase. No se puede tener un matrimonio en el que ambos estén tomando direcciones opuestas.

Por supuesto, uno puede orar, puede buscar consejería matrimonial y se puede esforzar para dejar que la presencia de Jesús brille por medio de su vida, para que le sirva de testimonio a la persona que quiere salirse, pero si no hay interés en salvar el matrimonio, por lo menos sabrás que has hecho todo lo posible para que funcionara. Y Dios no te pide que hagas más que eso.

5. He estado separada durante casi un año, pero todavía mi esposo nos mantiene financieramente, aunque no ha visto a su hijo desde que se fue. ¿Cree usted que sería propio de mí pedir el divorcio?

Proverbios 18:13 dice: "*Es necio y vergonzoso responder antes de escuchar*", y sospecho que faltan algunas piezas del rompecabezas de información que nos has dado. Así que has estado separada por un año y tu esposo los mantiene; lo que no sabemos es si él está interesado en otra persona. La misma pregunta va para ti también: ¿estás interesada en otra persona? El hecho que él te mantiene parece indicar que él se siente responsable de ti.

Una pregunta que me gustaría hacerte es ésta: ¿has buscado ayuda y consejería? En mi caso, no consideraría que se tome otro curso de acción hasta que hayas agotado toda posibilidad de hacer que tu matrimonio se salve.

6. Si una mujer cristiana está casada con un hombre que tiene una relación extramatrimonial la cual él no quiere terminar, ¿tiene ella el derecho moral de abandonar su matrimonio? ¿Qué es lo mejor para los niños?

No importa cuán liberados nos podamos considerar, cuando una mujer conoce que su esposo está en los brazos de otra mujer, no solamente sus ojos cambian de color, sino que su estómago se le agria, ¡y no es para menos!

En una situación como ésta, tú no eres la que estás abandonando el matrimonio; en realidad no tienes matrimonio. Lo que él escogió lo destruyó.

Una vez más repito, lo que tienes derecho a hacer, quizás no sea necesariamente lo correcto a hacer. Yo te sugeriría que busques consejería de alguien que conozca los pormenores, incluyendo cómo se afectarían tus hijos. Cuando pongas todas estas piezas delante del Señor, pidiéndole seriamente que te guíe, va a haber un curso de acción que percibirás como el camino que Dios quiere que tomes.

No importa cuán doloroso pueda ser, anda por ese camino. La promesa del Salmo 32:8 es: "Yo te instruiré, yo te mostraré el camino que debes seguir; yo te daré consejos y velaré por ti". Jesús también prometió: "Yo soy la luz del mundo. El que me sigue no andará en tinieblas, sino que tendrá la luz de la vida" (Juan 8:12).

7. Según las Escrituras, ¿es pecado que una mujer divorciada se vuelva a casar?

Si en tu caso tuviste derecho al divorcio por causa de infidelidad de tu marido, entonces también tienes derecho a volverte a casar en el Señor. Sin embargo, casarte otra vez cierra la puerta a cualquier posibilidad de reconciliación o sanidad.

Sin embargo, hay muchos, ya sea divorciados o que se han marchado, a veces no entendiendo las consecuencias y a veces con un conocimiento total de que lo que estaban haciendo estaba mal, se arrepintieron más adelante en la vida, buscaron el perdón de Dios y se esforzaron en caminar con Él.

La maravillosa gracia de Dios trae el perdón que ninguno de nosotros merece ni puede ganar. Como dijo David: "*Pero en ti hay perdón, para que seas reverenciado*" (Salmo 130:4). ¡Eso es una buena noticia! Quiere decir que el pasado es perdonado y que el futuro brilla, así como las promesas de Dios.

No obstante, el tema del volverse a casar es mucho más complicado que la simple pregunta: "¿Está mal de mi parte que haga esto?". Esto involucra a tus hijos, el nivel de espiritualidad que tenga la persona con quien piensas pasar el resto de tu vida, el cómo esa persona maneja las dificultades, tus finanzas, y el bienestar de tus hijos (¡ésta es fundamental!).

Está claro que solamente el matrimonio funcionará cuando te casas con alguien que también es creyente, que camine con Dios con la misma intensidad y deseo que tú tienes. En segundo lugar, los matrimonios por sí son lo suficientemente difíciles por estar conformados por la complejidad de la unión de familias (tus hijos y sus hijos), y más adelante los que nacerán del nuevo matrimonio.

Uno de los mejores consejos que puedas recibir viene de una inscripción que se encuentra en una de las iglesias más antiguas de la ciudad de Ámsterdam (un edificio del siglo XV) que dice (en holandés): “Cásate rápido; arrepiéntete con calma”, lo que quiere decir: “Cásate apurado y quizás tendrás mucho, pero mucho tiempo para arrepentirte”.

Capítulo 9
TU MATRIMONIO Y LA VOLUNTAD Y PROPÓSITO DE TU PADRE CELESTIAL

Ningún libro que trate de proporcionar dirección a los matrimonios desde una perspectiva cristiana, estaría completo sin que incluya un capítulo que trate del propósito de Dios para el matrimonio y para la familia. Dios diseñó el matrimonio de manera tal que tus necesidades emocionales más profundas pudieran ser satisfechas, y para que tú y tu cónyuge pudieran encontrar satisfacción y compañía. Debido a que fuimos creados a la imagen de Dios estamos constituidos por cuerpo, alma y espíritu, lo cual se traduce en lo físico, lo espiritual y lo emocional, y esto a su vez constituye un todo que no puede ser separado ni dividido. Eres una persona única – ¡no hay nadie igual a ti!

Cuando una parte de tu vida se afecta, ¡las otras también se afectan! Es posible amar a alguien y ¡no ser seguidor de Jesucristo! También es posible que se tenga buenas relaciones sexuales con alguien y no ser cristiano; sin embargo, es imposible que uno sea cristiano casado con un incrédulo, y que ambos se encuentren unidos espiritualmente.

Por muchos años yo apoyaba la idea de que cuando un hombre y una mujer son creyentes, sus vidas sexuales tienen una intensidad que no se puede lograr, a menos que ambos estén espiritualmente en la misma página. Entonces, una revista para mujeres realizó una investigación con una 10 000 mujeres. Su investigación demostró que la realización sexual de las mujeres en el matrimonio está directamente relacionada con su compromiso espiritual.

Amós, el antiguo profeta, hizo la siguiente pregunta: "¿Pueden dos caminar juntos sin antes ponerse de acuerdo?" (Amós 3:3); y la respuesta obvia que se espera es: "¡NO!".

¿Cómo se anda en armonía espiritual? En primer lugar, ¡haz un compromiso personal e individual con Jesucristo! Él dijo que estaba tocando a la puerta de nuestras vidas, pero depende de nosotros si queremos abrir la puerta e invitarle a pasar. A veces apilamos los muebles contra la puerta de nuestras vidas, tratando realmente de impedir que Dios invada nuestros corazones por temor a que nos prive de la diversión en nuestras vidas. Y ¿qué tal si Jesús tira la puerta abajo? ¡Pues no! Él entrará a tu vida solamente si tomas la decisión consciente de dejarle ser parte de tu vida y tu matrimonio.

Josué, quien fuera el sucesor de Moisés, clamó: "*En cuanto mí y a mi casa, nosotros serviremos a Jehová*". Te animo a que tomes esta decisión de una vez y por todas. Al vivir en un mundo secular que es hostil a los valores de la familia, a menos que tengas la fortaleza de Dios en tu hogar, te será muy difícil batallar contra los vientos de adversidad que se levantan.

Dios no es un aguafiestas cósmico que se deleita en tu miseria y tu infelicidad. Por el contrario, Él te creó. Fuiste diseñado por el Padre de tal manera que puedas encontrar la felicidad, el contentamiento y la satisfacción en lo sexual, lo emocional y lo práctico, viviendo según Su plan y Su propósito para tu matrimonio.

Un matrimonio con propósito es el resultado de una dimensión de Dios, en donde Él es el que escucha silenciosamente a tus conversaciones, el que suaviza tus palabras, cuyo espíritu te impulsa a perdonar, a veces recordándote tu propia debilidad y condición humana.

La mayoría de nuestros problemas son el resultado de cerrarle la puerta a Dios, insistiendo que nuestro camino es mejor. Como lo dijese Isaías: "*Todos nosotros nos descarriamos como ovejas, cada cual se apartó por su camino; mas Jehová cargó en él el pecado de todos nosotros*" (Isaías 53:6, RVR60). Ese rechazo terco de no tomar el camino que lleva al cielo es lo que la Biblia describe como pecado, y fue por eso que Jesús entregó su vida. "*Al que no conoció pecado, por nosotros lo hizo pecado, para que nosotros fuésemos hechos justicia de Dios en él*", dice Pablo en 2 Corintios 5:21.

El propósito de Dios para tu matrimonio se experimenta cuando cada uno hace del otro la prioridad número uno, lo cual te permite tener un matrimonio sano en un mundo enfermo. Nadie es perfecto, pero Dios nos ha dado los medios para resolver esas dificultades que nos separan y luego dirigir nuestros pies hacia el cielo.

Propósito es el porqué fuiste creado, y propósito es el porqué Dios instruyó al hombre que dejara a su padre y a su madre, y que se uniera a su esposa para que fueran uno – un cuerpo, en entrega, y uno en sus esperanzas y sueños.

Esto no es una ilusión, sino una simple descripción de la relación que puede tener una pareja cuando hacen de Dios su colaborador y sirven al Señor Jesucristo, haciéndole la cabeza de su hogar.

Además, en lo que concierne a Sus propósitos para nuestro matrimonio, Dios no nos dejó solos para que anduviésemos a tientas. Él nos ha revelado sus instrucciones en las páginas de la Biblia; estas instrucciones a menudo pasan por alto delante de las ideologías y tendencias populares, pero son principios que el tiempo ha respaldado y que son funcionales en el presente, como lo fueron cuando los santos hombres de Dios escribieron la Palabra siglos atrás.

Busquen adorar juntos a Dios de manera regular, y traten de que sea un hábito diario el que juntos puedan leer su Palabra; luego, tomados fuertemente de las manos, tal y como si estuviesen teniendo una conversación con un amigo, oren con palabras sencillas, pidiéndole al Señor que les provea, que les satisfaga las necesidades que tienen, y que les muestre Su voluntad y Su propósito.

Y esto nos trae a nuestra próxima pregunta.

1. ¿Le importa a Dios lo que nos suceda, o será que se encuentra tan lejos que ni siquiera se da cuenta?
En la actualidad existen varios conceptos errados acerca de Dios que son populares, algunos que a menudo asumimos sin tener en cuenta las implicaciones.

1. Un Dios desinteresado – alguien que creó el mundo (que lo puso a dar vueltas como un niño a un trompo), pero que luego regresó a Su cielo y cerró la puerta.
2. Un policía que se percata de los errores, los escribe en un libro negro y que también lleva un palo con el cual nos golpea cuando nos salimos demasiado lejos de la línea.
3. Un viejito con una larga barba blanca; alguien que tiene un corazón bueno y agradable, a quien le gustaría ayudarnos, pero que no le es posible poder emprender la tarea.

Todos y cada uno de éstos son mitos. Jesús demostró compasión e interés por aquellos que le escucharon, y los escritores del Nuevo Testamento nos dicen de manera explícita que Dios no sólo tiene una voluntad, sino que nosotros podemos conocer cuál es esa voluntad.

En la carta a los Efesios, Pablo nos da un mandamiento: "Dejen de ser ignorantes y entiendan cuál es la voluntad de Dios" (Efesios 5:17, traducción del autor).

2. Tenemos decisiones que tomar, las cuales traen algunas consecuencias a largo plazo. ¿Cómo podemos saber la voluntad de Dios para nuestro matrimonio? Ambos queremos saberlo.
Es de gran aliento saber que Dios tiene mucho más deseo en mostrarnos Su voluntad que nosotros en conocerla, pero hay una advertencia: Dios normalmente no revela esa voluntad a la manera de "lo tomas o lo dejas". Jesús dijo claramente:

"El que esté dispuesto a hacer la voluntad de Dios reconocerá si mi enseñanza proviene de Dios o si yo hablo por mi propia cuenta" (Juan 7:17).

Nuestro mundo demuestra que, cuando Dios creó la Tierra, Él tenía un propósito y un diseño en su mente. Tan solo un ejemplo sencillo: el planeta Tierra está a casi 370 000 kilómetros del Sol. Si estuviésemos tan solo un poco más cerca, nos achicharraríamos; y si estuviésemos tan solo un poco más lejos nos, congelaríamos. A esa distancia exacta es que se hace posible la vida que conocemos.

Mucho más aun, la Tierra está rodeada de una atmósfera que consiste de 79 % de oxígeno y 21% de nitrógeno – exactamente la cantidad necesaria para sustentar la vida. Me cuesta creer que esto sucedió así, "por casualidad"; al igual que me costaría creer que una explosión en una imprenta traería como resultado un diccionario completo.

Dios entonces coronó la belleza de Su obra colocando a nuestros primeros padres, hechos a Su imagen, en el Huerto del Edén – un ambiente perfecto, sin contaminación de pecado.

¿No tendría lógica que Dios sintiera orgullo acerca de sus vidas, de cómo vivían y de lo que hacían entre ellos? Él sigue siendo un Dios que se interesa y se preocupa.

Dios revela Su voluntad para tu matrimonio de tres maneras:

1. En las páginas de la Biblia hay muchos pasajes que enfatizan cómo Dios quiere que vivamos y nos relacionemos en el matrimonio. En ellas se encuentran pasajes maravillosos que tratan temas tales como:

- La importancia del amor y lo que es – 1 Corintios 13
- Cómo funciona un matrimonio cristiano – 1 Corintios 7
- Bajo qué condiciones puede considerarse el divorcio – Mateo 5, 19

- Cómo se puede resolver el conflicto en el matrimonio – Mateo 18:15; Colosenses 3
- Cómo deben tratarse mutuamente el esposo y la esposa – Efesios 5

2. La segunda manera en que Dios revela Su propósito y su voluntad para el matrimonio es orando juntos. La mayoría de nosotros no podemos entender en su totalidad el poder o el privilegio que tenemos de consultar a Dios con respecto a nuestras necesidades diarias, nuestras peticiones y nuestros desafíos. "¡Este asunto de la oración de verdad que funciona!" – esa fue la respuesta de un hombre quien, por primera vez en muchos años de matrimonio, comenzó a orar con su esposa. Si ustedes nunca han hecho esto, ¿podría sugerirles que se levanten algunos minutos más temprano de lo usual? Si eres de esas personas que lo primero que hacen cuando se levantan por la mañana es tomarse un poquito de café, como somos Darlene y yo, entonces tómense una taza de café juntos, y simplemente dejen que las palabras fluyan desde sus corazones a medida que se toman de la mano y oran juntos.

Por favor, ya no más oraciones extra largas y en alta voz, en las que decimos: "¡Oh, Padre celestial, todopoderoso, que estás en el cielo y vives y reinas para siempre, amantísimo Padre de gloria soberano Diosssssss!". No, simplemente háblale de manera normal, con un tono de voz normal, como lo harías si Jesús pasara por tu casa a la hora del desayuno. En algunas situaciones, sugeriría que pusieran una silla vacía junto a la mesa y sencillamente visualicen el candor de Su amor y Su aceptación de lo que ustedes hacen mientras conversan juntos.

Quizás quieras hacer lo que nosotros hicimos mientras nuestros hijos iban creciendo. Mantengan una agenda o libretica cerca de la mesa o la meseta de la cocina, y lleven un registro acerca de lo que oraron, y de cómo Dios, en Su tiempo y a Su manera, lo ha respondido. Es sorprendente ver cuántas veces oramos por algo, y Dios responde, pero en la urgencia de otra necesidad, rápidamente se nos olvida lo que Él ha hecho en el pasado.

Recordar te ayuda a tener más fe a medida que oras diariamente por tus necesidades.

La tercera manera en que Dios muestra Su voluntad para tu matrimonio es por medio de las puertas que se abren y las puertas que se cierran. Bien, ustedes han estado orando por un empleo para tu esposa, quien necesita trabajar. Entonces ella hace una solicitud con una buena compañía, en donde tienes un amigo que trabaja allí en el departamento de personal y que piensa que puede intermediar por ella, de manera tal que es probable que la consideren para el empleo, y no a otra persona.

Después de algunos días, llama tu amigo y te dice vacilante que a tu esposa no le dieron el empleo. Puerta cerrada.

He aprendido que cuando una puerta se cierra, debo tener en cuenta que Dios escuchó mi oración, pero que Él me ama tanto, que dijo "no" a mi petición y que queda la otra parte, que es esperar por aquello que está en Su mente, lo cual es mucho mejor que lo que yo quiero.

No, no me gusta esperar. Cuando oro por algo, acostumbro a ponérsela fácil a Dios: le digo exactamente qué hacer; pero cuando oro diciendo "que no sea mi voluntad Señor, sino la tuya", le dejo la puerta abierta para que Él obre Su voluntad, de manera tal que luego yo pueda decir: "Gracias, Señor, por amarme tanto que dijiste 'no' a mi primera petición porque el plan que tienes es mucho mejor".

Recordemos a Pablo, a él mismo hubo puertas que se le cerraron firme y definitivamente (ver Hechos 16:7,8). Él dijo a los creyentes de Tesalónica: "*Dad gracias en todo, porque esta es la voluntad de Dios para con vosotros en Cristo Jesús*" (1 Tesalonicenses 5:18, RVR60). Los tiempos difíciles nos enseñan a aprender, a veces a las malas, que "*a los que aman a Dios, todas las cosas les ayudan a bien, esto es, a los que conforme a su propósito son llamados*" (Romanos 8:28, RVR60).

3. ¿Cómo sé si Dios me está cerrando una puerta o si tan solo me está probando?

Buena pregunta; yo también la he tenido en diferentes ocasiones. Primero, me pregunto: "¿Lo que quiero hacer concuerda con lo que al Señor le gustaría que yo hiciese?". Cuando no me siento incómodo con eso, entonces oro con más seriedad. Digo algo como: "Señor, si es Satanás quien me está impidiendo hacerlo, ¡en el nombre de Jesús te pido que ahuyentes el enemigo y abras esa puerta! Tú eres más poderoso que él".

Recuerdo que Pablo también enfrentó este mismo problema. En una ocasión dijo a los tesalonicenses que quería ir a visitarles, pero que Satanás se lo estaba impidiendo (ver 1 Tesalonicenses 2:18). Él todavía sigue dedicado a detener los hijos de Dios.

Recientemente planificamos llevar un grupo a Polonia y a Rusia en un viaje misionero, pero nada acoplaba bien para este propósito. No pudimos obtener la confirmación de las reservaciones del viaje de Varsovia hasta San Petersburgo; ni siquiera pudimos obtener reservaciones para un hotel. No tenía paz en mi corazón respecto a esto, y por consiguiente pospuse el viaje.

Poco tiempo después de eso mi hermano, quien nos iba a acompañar en el viaje, tuvo un ataque al corazón, seguido de una cirugía bastante extensa. Esto, por supuesto, hubiera evitado que él y su esposa estuviesen con nosotros, y quién sabe si el infarto le hubiese ocurrido mientras viajaba.

En ocasiones, Dios hasta nos protege de nosotros mismos. Cuando enfrentes una situación difícil, pídele al Señor que te indique si debes proceder; de lo contrario, trata de ver esto, pues puede que te esté protegiendo de tu voluntad fuera de sintonía con la de él.

4. ¿Seguirá Dios obrando todavía para hacer que las circunstancias "obren para mi bien" cuando permanezco pasivo y deprimido debido a las circunstancias en mi vida?

Te aseguro que Dios no se detiene en lograr lo que quiere a causa de tu actitud negativa o tu pasividad. Hay momentos en que las circunstancias se tornan tan oscuras, que no nos es posible ver cómo es que Dios nos va a sacar de en medio de ellas. ¡Pero no tenemos porqué saberlo! Mientras Él sepa a dónde te está llevando, no es asunto tuyo. Jesús dijo: "*Yo soy la luz del mundo; el que me sigue, no andará en tinieblas, sino que tendrá la luz de la vida*" (Juan 8:12, RVR60). Seguir al Señor es muy parecido a cuando se sigue a alguien que lleva una antorcha o una linterna en un túnel que está muy oscuro. Mientras te mantengas cerca de él, tienes la luz suficiente para dar el próximo paso, pero cuando comienzas a rezagarte, las tinieblas te envuelven rápidamente.

Si tan solo pudieras ver el plan que Dios tiene para ti, estoy seguro de que tus sentimientos de temor se disiparían como la neblina cuando sale el sol. Toma tu Biblia y subraya Jeremías 29:11, que dice: "*Porque yo sé muy bien los planes que tengo para ustedes —afirma el Señor—, planes de bienestar y no de calamidad, a fin de darles un futuro y una esperanza*".

También me gusta Filipenses 1:6, que dice: "*Estando persuadido de esto, que el que comenzó en vosotros la buena obra, la perfeccionará hasta el día de Jesucristo*" (RVR60).

5. ¿Deberíamos orar para saber la voluntad de Dios, o deberíamos orar que se nos dé lo que queremos? ¿Acaso no podemos presentar delante del Señor lo que deseamos y obtener una respuesta? ¿O no deberíamos querer algo hasta que sepamos que es la voluntad del Señor? Es decepcionante cuando Dios no permite que suceda algo que deseamos.

Jesús nos enseñó a orar de acuerdo con Su voluntad. ¿Recuerdas la frase proveniente de la oración modelo: "*Hágase tu voluntad, como en el cielo, así también en la tierra*"? Pablo enseñaba que no debemos ignorar Su voluntad; sin embargo, hay momentos en los que se hace incierta. Es ahí cuando podemos verbalizar nuestros pensamientos (de todas formas, Él sabe lo que estás pensando) y decirle: "Señor, a pesar de lo que estoy sintiendo, quiero lo mejor de ti, Tu voluntad; así que, Padre, envía lo que tú sabes que necesito, no lo que yo creo que necesito".

Hudson Taylor, un gran hombre de fe, solía decir: "Dios siempre le da lo mejor a aquellos que dejan que Él escoja".

Dios responde las oraciones de cuatro maneras:

- **Algunas respuestas son directas e inmediatas** – tienes una necesidad, e inmediatamente Dios envía la respuesta. En lo personal, ¡me encanta ese tipo de respuesta! Hay momentos en los que parece que tu oración y la respuesta de Dios se cruzan en el camino.
- **Algunas respuestas se demoran.** Hay momentos en los que Dios tiene otra cosa en mente; algo que incluye el hecho de estar usando las circunstancias para lograr algo en mi vida que no sucedería si no tuviese que esperar en Él. No es que Él haya ignorado mi petición, pero Él también está obrando en las vidas de otras personas, haciendo que armonicen con lo que Él quiere lograr. Él no envía ángeles para azotar a la gente y hacer que se sometan (algo que en ocasiones he deseado que sea así), sino que deja que su suave Espíritu Santo los guíe a buscarle, y luego hacer que todo encaje haciendo de ello una maravillosa respuesta.
- **A veces las respuestas a nuestras oraciones están disfrazadas.** Oramos diciéndole a Dios exactamente lo que hay que hacer, muchas veces pensando que, si Dios enviase suficiente dinero, podríamos resolver el asunto por nuestra cuenta. ¿Tenemos la respuesta? Luego miramos atrás y decimos: "Ah, ahora veo que Dios envió algo mucho mejor que lo que yo pedí" – una respuesta disfrazada. Estoy muy contento de que Él haya pasado por alto mi petición egoísta".
- **Algunas respuestas son un "no" rotundo.** Él me ama demasiado como para darme todo lo que le pido; tal y como un padre cuando su hijo quiere helado treinta minutos antes de la comida. ¿Es un "no" una respuesta? ¡Por supuesto que lo es!

Orar no es manipular a Dios para obtener lo que queremos—ya sea para lograr que tu esposo actúe mejor con tu madre o para lograr que te ayude a perder algunas libras sin hacer dieta ni ejercicio. Orar es entablar una conversación entre tú y tu Padre celestial. La oración te lleva a estar en armonía con Su voluntad para que su propósito se cumpla en tu vida, tu hogar y tu matrimonio.

6. ¿Será la voluntad de Dios para una persona que le vaya siempre bien o que le vaya siempre mal?

¡La vida no es un parque de diversiones! El cielo no siempre está azul, y tu equipo no siempre gana. Vivimos en un mundo quebrantado e imperfecto; desde los tiempos de Adán y Eva hasta el presente, la vida ha tenido su lado malo; sin embargo, siempre que llueve, escampa; después de la tormenta sale el arcoíris, y siempre amanece después de la noche más oscura.

Además de esto, tenemos promesas a las que podemos agarrarnos fuertemente, no importa lo que suceda en nuestro mundo débil y cambiante. ¡Dios nunca cambia! Él no es menos de lo que fue ayer, y cuando venga el mañana, Él estará allí para encontrarse contigo, tomarte de la mano y caminar junto a ti hacia el futuro.

Jesús dio Su palabra. Él dijo: "*Nunca te dejaré; jamás abandonaré*" (ver Hebreos 13:5 y Mateo 28:20).

¡Cuánto mejor es saber que Dios te tomará por el valle de sombras y te guiará hasta el otro lado, que tener solamente el cielo azul y pastos placenteros, y siempre preguntarte si Él era lo suficientemente fuerte para sostenerte y llevarte en Sus brazos!

7. ¿Es posible no poder ver la voluntad de Dios? ¿No intervendrá Dios para reorientarnos y hacer que encontremos Su voluntad? ¿Habrá castigo por pasar por alto la voluntad de Dios?

Primero, la pregunta si podemos dejar de ver la voluntad de Dios. La respuesta corta es: "¡Sin lugar a dudas!" – así como cuando éramos niños ignorábamos lo que nuestros padres querían que hiciéramos y escogíamos hacer lo que queríamos. Al período de los dos años de vida de un niño lo solemos llamar "la edad de la peseta". ¿Por qué? Porque a esa edad es cuando el niño descubre que tiene voluntad propia y aprende a decir "no". El conflicto viene cuando tu voluntad como padre se enfrenta a la voluntad de tu hijo.

A veces sucede así con Dios y con Sus hijos. Él tiene una voluntad; nosotros tenemos otra; y no es hasta que aprendemos a confiar en Su juicio y reconocemos en verdad que Su voluntad es mejor que la nuestra, que vamos a escoger muchas veces nuestro camino. A veces no es tanto que no nos percatemos de cuál es la voluntad de Dios, sino que la rechazamos tercamente. Creo que Dios nos pone señales en el camino, carteles grandes que dicen: "Vas por el camino equivocado. Da la vuelta de inmediato", pero arremetemos hacia adelante pensando que nosotros sí sabemos lo que es mejor.

Sin embargo, a veces sin querer pasamos por alto la señal y tomamos el camino equivocado. Hace poco iba en el auto camino a un compromiso para enseñar en un servicio del domingo por la mañana—con una jarra de café en el piso, música inspiradora en la radio, e inmerso mentalmente en el mensaje que iba a impartir. De repente, sentí algo caliente en mi zapato. Había derramado la jarra de café, el cual vertí dentro del zapato y me había mojado la media y la parte de abajo de mis pantalones, que también se empaparon del oscuro café.

Entonces, metí la mano debajo del asiento para tomar un pedazo de tela y comencé a secar el café. Lo otro de lo que me percaté fue que había dejado atrás el lugar por donde debía doblar para poder llegar a la iglesia en la que iba a hablar.

Inmediatamente empecé a pisar los frenos, casi haciendo que el carro se detuviera, cuando pensé: "¡Esto es absurdo! No puedo detenerme aquí y poner el auto en reversa para retomar el camino." Entonces tuve que preguntarme: "Bien, te pasaste el camino correcto, entonces ahora ¿cómo haces para llegar a donde quieres desde el lugar en donde estás?"

Así es como cuando hemos pasado por alto el propósito de Dios para nuestras vidas—ya sea casándonos fuera de Su voluntad, o simplemente tomando algunas decisiones que ahora nos pesan. Ahora no se puede echar para atrás; no se puede reconstruir un huevo después de que ya está revuelto, pero puedes decir: "Está bien, Dios, pasé por alto el camino correcto. ¿Cómo puedo ir a donde tú quieres que vaya desde el lugar en donde estoy?".

Es por eso que a menudo digo que la voluntad de Dios se renueva cada día. No mires atrás ni vivas en un mundo hecho pedazos. Dibuja un círculo a tu alrededor y di: "Señor, te quiero dentro de este círculo conmigo, y quiero que me tomes de la mano y me guíes a donde tú quieres que yo vaya".

¿Interviene Dios para "reorientarnos hacia Su voluntad"? A veces, pero no siempre, porque Él nos hizo a su imagen, lo cual quiere decir que nos dio la capacidad de escoger.

¿Hay consecuencias con las que tenemos que vivir por actuar fuera de la voluntad de Dios? Si un niño toma un martillo e introduce un clavo en una mesita de tomar café y luego, dándose cuenta que no quedaba bien, decide sacar el clavo de la mesa, aun así la mesa tendrá un hueco hecho.

Una relación extramatrimonial va a dejar heridas emocionales—quizás cicatrices.

Un momento de pasión puede traer como resultado un embarazo no deseado.

Criar a un niño sin disciplina va a resultar en un adolecente que te dará dolores de cabeza.

Pero Dios siempre va a estar ahí, y Su gracia te sostendrá y te ayudará. La vida de Jacob es un hermoso cuadro de alguien que pasó por alto la voluntad de Dios, lo cual le trajo como consecuencia un desvío largo que le alejó de su casa. Él sufrió muchos desencantos y muchas tristezas, pero llegó el momento en el que luchó contra el ángel, y Dios le cambió el nombre y le puso Israel. Notemos la frase que aparece en las Escrituras, "*el Dios de Jacob*", lo cual denota el maravilloso cambio que tuvo lugar en su vida.

8. ¿Cómo sé que estoy en el centro de la voluntad de Dios? Buena pregunta. El que las cosas te salgan bien no quiere decir que sea así – el sol brilla y le caes bien a todo el mundo. Por el contrario, estar en el centro de la voluntad de Dios significó para Daniel enfrentarse a los leones. Para Jonás, el estar en el centro de la voluntad de Dios significó ir a Nínive – una ciudad que él despreciaba. Para Pablo, el estar en el centro de la voluntad de Dios significó un sinnúmero de problemas – gente poco amistosa, persecución, hasta golpizas.

Pero cuando se está en el centro de su voluntad, tu corazón te da testimonio de que estás donde Él quiere que estés. Tu conciencia no te condena y tendrás paz en tu corazón.

Yo no diría que todas tus oraciones son respondidas con un "sí", y que tienes gran poder espiritual, porque hay veces que aunque uno esté en el centro de la voluntad de Dios debe caminar por fe, no por vista.

9. ¿Puede acaso una persona usar su mente para tomar una decisión y luego esperar que el corazón le siga? Cuando me encuentro confundido, ¿qué debo hacer? Dios te dio un buen cerebro y una mente ¡porque que Él quiere que la uses! La voluntad de Dios no se encuentra a expensas del sentido común (el cual ya no es tan común). Cuando tengo una decisión que tomar, a menudo sigo una práctica que adopté de George Müeller. Tomo un papel y trazo una línea por el centro del mismo. De un lado, escribo: "Razones para hacerlo", y del otro: "Razones para no hacerlo".

Entonces, lo saco cada mañana mientras oro, y apunto las ideas y pensamientos hasta que un lado lleva definitivamente más peso en mi pensamiento. Entonces me muevo en esa dirección. Una vez que has tomado la decisión, no mires atrás. Puedes destruir con la duda lo que Dios ha levantado por la fe.

Sin embargo, ¿qué hacer si sigues confundido e inseguro? Tres cosas: primero, espera. Sigue orando, habla con personas maduras y consagradas a Dios a quienes respetes para consultar sus opiniones respecto a las decisiones que tienes que tomar.

10. ¿Qué sucede cuando un matrimonio que yo pensaba que era la voluntad de Dios se rompe? ¿Significa esto que puedo casarme otra vez y también tomar ese como voluntad de Dios?

Yo no intentaría "adivinar" si tu matrimonio fue o no la voluntad de Dios. Hay veces en las que dos personas entran al matrimonio pensando que están siguiendo la voluntad de Dios (y no hay razones para pensar que ese no era el caso); sin embargo, a medida que avanza el tiempo, uno de los dos fracasa en su compromiso con el otro, decide que no quiere continuar con la relación o cae en pecado.

¿Deberíamos sugerir que inicialmente ese matrimonio no era la voluntad del Señor? No, sin embargo, las acciones de la persona que falló no eran claramente la voluntad de Dios. De todas formas, la persona inocente sufre. Obviamente, eso es lo que ha pasado en tu situación.

Cuando Pablo habló del cónyuge incrédulo que quería irse, él declaraba que la otra persona quedaba libre, pero sólo en el Señor (1 Corintios 7:10-16). La Nueva Traducción Viviente dice: "En cambio, si el esposo o la esposa que no es creyente insiste en irse, dejen que se vaya. En esos casos, el cónyuge cristiano ya no está ligado al otro, porque Dios los ha llamado a ustedes a vivir en paz (1 Corintios 7:15 NTV).

La voluntad de Dios para ti no terminó cuando tu esposo falló, y aunque pueda ser diferente de lo que habías pensado (¿quién se casa alguna vez pensando en lo que va a hacer cuando el matrimonio fracase?), Él te va a guiar y te dará un rumbo. Confía en Dios y tómate tu tiempo. Los individuos que se apresuran para entrar en un segundo matrimonio, muchas veces rebotan y salen de Guatemala para entrar en Guatepeor.

Todo lo demás que querías preguntar:

11. No soy una persona romántica ni demuestro cariño. Mi esposa espera de mí que lo sea. ¿Cómo puedo ser romántico si no me siento que lo soy? ¿No es esto ser un hipócrita con el propósito de obtener algo?

Traer de vuelta el romance a una relación que ya se ha enfriado, es como traerle la vida de vuelta a un cadáver que todavía no se ha llevado a la morgue; pero donde hay vida puede haber amor, y donde hay amor puede haber romance. Tal y como lo mencioné anteriormente, los que juegan ajedrez saben que cuando se llega al punto en el que no se puede hacer ninguna movida, se dice que es tablas; pero cuando el matrimonio se encuentra en "tablas", la relación se ha enfriado y se cae en la rutina. Hacer el amor se convierte en algo mecánico, y la chispa que enciende la leña de tu hoguera parece haberse apagado.

¿Cómo haces para avivar el fuego de romance? La realidad es que después que la pareja se casa, el romance, como casi siempre pensamos, dura de 24 a 36 meses y que, después de eso, el fuego se comienza a apagar. La familiaridad nos conlleva a no darle el valor que tiene el otro. Caemos en patrones de hábitos que son bastante predecibles. La espontaneidad queda remplazada por el aburrimiento y el cansancio.

Una pareja ya mayor se encontraba sentada en el sofá mirando la televisión, y en ese momento comienzan a transmitir una película bastante romántica. Ambos permanecieron allí bastante absortos mientras la intensidad emocional del drama se hacía cada vez mayor. Finalmente, la esposa se vuelve hacia el esposo y le dice: "¿Verdad que es conmovedor? ¡Qué romántico! Freddy, ¿por qué tú nunca me das mordiditas en las orejas como lo hace ese enamorado de la película?" Corriéndose para acercarse más a ella, él le responde: "Está bien, Juanita, ¡alcánzame mis dientes postizos!"

Capítulo 10
MATRIMONIO Y OTROS ASUNTOS

La mayoría de los hombres simplemente no lo entienden. Para los hombres, "romance" casi siempre significa intimidad. Piensan que es tener una conversación íntima en la cama o cosas sexuales específicas que ellos hacen. Para las mujeres, es un viaje emocional a través de un valle de flores, pensamientos tiernos, sentimientos y caricias. Para las mujeres significa mucho más que para los hombres; el romance no se trata tanto de lo que los hombres hagan, sino de cómo se sienten hacia la persona especial en su vida.

Ustedes, hombres, deberían usar estos "encendedores" para precipitar el romance.

No te olvides de recordar. Lo que puede parecer sin importancia para ti, para tu esposa es importante. ¿Cómo qué? Cumpleaños, aniversarios, días de los enamorados, días especiales (podría ser celebrar el aniversarios de su primer beso, de su compromiso o del paseo que daban cuando su corazón saltó de emoción por primera vez). Y los hombres quizás pregunten: "¿Y cómo me recuerdo de todas estas cosas?" – a lo que me dan ganas de contestarles: "¡No seas bobo y escríbelas!" Un lápiz pequeño es mejor que una gran memoria. Apúntalas en tu agenda o en tu calendario. ¡O anótalas en una tarjeta que lleves en tu cartera! Y después que dejes de estar durmiendo en los laureles, vas a disfrutar de los beneficios que trae el hecho de no olvidarnos de recordar.

Pero no seas como el tipo que estaba acostado en la cama y despertándose, cuando su esposa le pregunta: "¿Sabes qué día es hoy?". "Claro que sí" – le responde con un tono, haciéndose el que sabe, pero sin tener la más mínima idea de cuál día especial era; pero no había manera alguna en que quisiera admitirlo.

Se pasó todo el día rascándose la cabeza, preguntándose: "¿Será nuestro aniversario?". ("No, no puede ser eso", se da cuenta, aunque no podía recordar la fecha exacta de su aniversario; él sabía que se habían casado en diciembre antes de la Navidad). "¿Será su cumpleaños?" Una vez más no puede recordar, así que llama a su suegra y, como quien no quiere las cosas, le pregunta acerca de los planes de cumpleaños que se avecinaban: "¡Mamá suegra! ¿Cuál es la próxima fecha?". No era ese día.

El infeliz estaba completamente perdido, así que para salvar su pellejo, le envía flores, regresó con chocolates, y apareció por la puerta diciendo: "¡Esta noche vamos a salir!". Ella, a pesar de estar sobrecogida con tanta sorpresa, disfrutó la tarde del mismo modo.

Al terminar la noche, cuando se encontraban en la cama, él le pregunta: "Bien, cariño, ¿el día de hoy cumplió tus expectativas?". "Bueno, sí, pero ¿por qué me lo preguntas?" "¿Recuerdas la pregunta que me hiciste esta mañana" – continuó él – "acerca de si me recordaba qué día era el de hoy?"

"Ah, sí querido, por supuesto – ¡pero es que no me acordaba si hoy era 23 ó 24!"

Sé espontáneo. No todo tiene que ser planificado ni coordinado, de tal manera que parecieras un general que va a hacer una invasión. Lleva flores a casa cuando simplemente te gustaría hacer algo que sabes que va ser valorado. (No seas como el tipo que dijo: "¿Para qué comprar flores? ¡Si se van a morir!")

Vuélvete loco de vez en cuando. Por ejemplo, intenta llamarla a las 2 p.m. y dile: "En dos horas te recojo. Empaca algo para pasar la noche. Ya arreglé que los niños se quedaran con Mamá, y vamos a salir para un destino desconocido". Mira a ver si eso no le carga sus baterías. Algunos de los recuerdos más emocionantes que Darlene y yo tenemos de todos estos años han sido los de carácter espontáneo, haciendo cosas que no estaban planificadas, yendo a lugares que se nos ocurrían en ese mismo momento, rompiendo la rutina sólo para estar juntos y divertirnos.

Una de las razones por las que las aventuras amorosas parecen ser tan fascinantes es que dos personas hacen cosas que dejaron de hacer hace tiempo con su cónyuge—algo que nunca debe pasar.

Haz algo tan solo por la emoción que causa hacerle saber a alguien lo que sientes.

Un conocido mío decidió hacer una declaración romántica a lo grande, por lo que hizo un contrato con un restaurante para que le proveyera de servicio de comida en un lugar especial de una playa; y para añadir un toque romántico, contrató un cuarteto de cuerdas para que les tocase la música favorita de ellos mientras disfrutaran de la puesta del sol y de una comida maravillosa. Por supuesto, las personas que pasaban cerca de allí se quedaban boquiabiertos ante aquella pareja que se encontraba sentada a la luz de la vela, pero sin importarle nada de lo que sucediera alrededor. No me dijo lo que sucedió luego de la cena, pero sospecho que fue el "verdadero postre" de la noche.

Otro hombre, que quería que todo el mundo supiera cuán grande era su amor, pintó un letrero grande y lo colgó en un paso elevado, el cual decía: "¡Te quiero, nena!" Ella sabía bien quién lo había puesto allí, y muchos otros hombres se beneficiaron de él cuando sus esposas les preguntaron: "Oye, ¿tú fuiste el que hiciste eso?".

Dilo, escríbelo, muéstralo. Una nota para tu esposa (o tu esposo), que esté cargada de cariño y significado, es otra forma de decir: "Me importas. Te amo y pienso que eres lo máximo". Pero si haces eso, ¡asegúrate de dárselo a la persona correcta!

Un esposo que pasó por la oficina donde trabajaba su esposa, se detuvo para saludarla, pero ella no se encontraba, así que preguntó si podía dejarle una nota en su escritorio. "Por supuesto" – le respondió la recepcionista. "¿Y cuál es su escritorio?" –preguntó él. "Aquél que está por allá" – le dijo la recepcionista mientras apuntaba hacia la mitad del local.

Pensando entonces el esposo que ese sería el tiempo apropiado para decirle algo romántico, le escribió una nota bastante amorosa y que decía: "¡No aguanto el deseo que tengo de ponerte las manos encima!". La firmó con muchos besos y abrazos y un "Te amo por siempre" junto a su nombre.

Sin embargo, el problema con esto fue ¡que la puso sobre el escritorio que se encontraba al lado del de ella!

El hombre que hizo la pregunta acerca del romance, decía: "¿No es hipocresía hacer algo para obtener lo que quiero?". Yo te sugeriría que hicieras algo fuera de lo ordinario para tu esposa, simplemente porque la amas, y no dejes que lo que te motive sea el beneficio de lo que vayas a obtener por eso al final del día.

1. ¿Cómo se deberían tratar mutuamente el hombre y la mujer en situaciones donde tienen problemas? ¿Es cierto que las mujeres siempre quieren ir en busca de alguien, mientras que los hombres prefieren que los dejen tranquilos? ¿Es cierto que los hombres tratan a las mujeres de la manera en que ellos quieren ser tratados, y así mismo sucede con las mujeres?

La respuesta a esta pregunta es bastante compleja. En primer lugar, ya he hablado del hecho de que los hombres son simples y las mujeres, complicadas. Un escritor trató de trasmitir esta idea titulando su libro: Los hombres son como los wafles y las mujeres, como el espagueti. En un sentido eso es cierto. Los hombres compartimentan las cosas – como pequeños cuadrados independientes que no tienen relación con el que está al lado; pero con las mujeres la vida es una secuencia, con una relación directa entre ayer y hoy; y puedo asegurarte que entre hoy y mañana.

En ocasiones los hombres tratan a las mujeres como tratarían a otros hombres, sin entender que las mujeres tienen respuestas emocionales que simplemente los hombres no entienden. Hace poco leí que el Nushu, un lenguaje secreto en la China que sólo era para mujeres, acababa de morir. El mismo había sido desarrollado siglos atrás y era usado por las mujeres para comunicarse entre ellas para que los hombres no supieran de qué estaban hablando realmente.

Realmente no hay necesidad de otro lenguaje. La mayoría de los hombres casi nunca entienden a las mujeres cuando éstas tratan de trasmitirnos algo aun usando nuestro mismo idioma. A menudo, las mujeres sugieren o dan una pista de algo que les gustaría, cuando en cambio deberían ser directas y específicas. "¿No le desagrada esto a los hombres?" – preguntan algunos. ¡Con toda certeza! Ellos preferirían mejor que dijeran: "Me gustaría quedarme en la casa el fin de semana en vez de irme de viaje".

Cuando un hombre y una mujer no están de acuerdo, ambos necesitan darle el frente a esa situación, no atacando al cónyuge ni a su familia, siguiendo los pasos que sugerí en el capítulo que habla acerca de la solución del conflicto; sin embargo, debemos mencionar algo acerca de cuán diferentemente se reconectan los hombres y la mujeres después del desacuerdo.

Después del desacuerdo, los hombres quieren besar y dejar todo arreglado, pensando: "Si ella tuviera sexo conmigo, ¡todo quedaría bien!" "¡Deja eso, fulano! ¡No tan rápido!" – piensan ellas. A menudo ellas necesitan tiempo para procesar lo que ha sucedido y dejarlo atrás. Esto no quiere decir necesariamente que no hayan perdonado, pero necesitan tiempo para procesar las cosas. Recuerda, las mujeres son como el espagueti.

¿Recuerdas que Lucas nos cuenta que "*María guardaba todas estas cosas, meditándolas en su corazón*", después que los pastores le contaran del mensaje angelical informándoles del nacimiento de Jesús?

Algunos de ustedes, hombres, sean pacientes, y dense cuenta de que las mujeres tienen una sensibilidad emocional de la cual ustedes carecen; y que las recompensas de la sensibilidad y la paciencia de parte tuya, son mayores que la irritación que atraviesas cuando te tomas el tiempo para dejarla procesar emocionalmente lo que ya tú has manejado y estás ya listo para seguir adelante.

2. ¿Cómo manejarías una relación en la que ambos se hayan perdido el respeto? ¿Podrá una relación así perdurar?

Lo que acabas de describir está muy mal y, para serte bien directo, también es pecado. En primer lugar, esto es algo que va en contra de lo que quieres: resolución y sanidad; además, causa muchísimo daño en ambos, y viola casi todo lo referente a cómo debemos tratarnos según la Biblia. Recuerda que:

- Los esposos deben amar a sus esposas como Cristo amó a la iglesia (Efesios 5:25).
- Las esposas también deben amar a sus esposos (Tito 2:4).
- Debemos tratarnos con compasión, bondad y amabilidad (Efesios 4:32).
- Los esposos deben tratar a sus esposas como a vaso más frágil (1 Pedro 3:7).
- Dios odia la violencia (sea física o emocional) en la relación matrimonial (Malaquías 2:16).
- Dos no podrán andar juntos si no andan en armonía (Amós 3:3).

Sin embargo, el factor decisivo es que Santiago 4:17 nos dice que saber hacer el bien y no hacerlo, es pecado. Esa es una imagen poderosa de cómo Dios ve lo mal hecho dentro de una relación.

Francamente, nunca he podido entender por qué los miembros de una pareja (aunque puedan decir que se aman) se degraden entre sí, se insulten y se digan horrores – a veces en frente de amigos o miembros de su familia. Se les olvida que su conducta es reflejo de un gusto y un juico pobre (recuerda, la persona que ultraja a su cónyuge en una ocasión dijo "acepto" junto al altar).

Una pareja fue a una tienda por departamentos y vieron una máquina que supuestamente te decía tu peso y tu futuro. La esposa se paró sobre el artefacto y al instante éste le sacó una tarjetica. El esposo la tomó la tarjeta, la cual decía: "Eres una líder, tienes una personalidad dinámica y ¡tu futuro es hermoso!". El esposo leyó la tarjeta en voz alta y riéndose, dijo: "¡Sí, y también el peso te lo dio mal!".

Una de las mejores cosas que puedes hacer para fortalecer tu matrimonio es aprender a disciplinar lo que se dicen entre ustedes. ¡No anuncien lo que es obvio! Tu esposa sabe cuándo cocinó algo que no se va a ganar un premio culinario, y tu esposo también sabe cuándo se ha equivocado. No tienes porqué decírselo y restregárselo en la cara.

Hay algo que mi esposa y yo hacemos cuando las cosas nos salen mal—como por ejemplo, cuando ella se aproxima demasiado cerca a la puerta del garaje y raya el costado del auto, o cuando a mí se me olvida confirmar los boletos de un vuelo y por eso nos lo cancelan. Nos decimos: "Quise hacerlo así", o "lo hice a propósito". Siempre refunfuñamos y nos reímos de nosotros mismos. Por supuesto, nadie se acerca demasiado de manera intencional a un poste o a la puerta del garaje, ni nadie deja de confirmar un boleto de manera intencional.

¡Esas cosas le suceden a cualquiera! Y mientras más rápido te percates de que ambos están juntos en el mismo equipo, y que debido a que somos seres humanos, no siempre caminamos como Pedro sobre las aguas, más comprensivo te muestras hacia la otra persona.

Hace algunos años tuve una conversación con el Dr. Samuel Southerland, Presidente en aquel entonces de la Universidad de Biola. Mientras charlábamos de nuestra familia, me dijo algo que nunca olvidaré: "Una de las mejores cosas que tiene mi esposa" – me dijo aquel líder cristiano, que para cuando me hablaba ya tenía más de medio siglo de matrimonio – "es que ella tiene la asombrosa habilidad de saber cuándo debe decir algo y cuándo mantenerse en silencio". Eso es parte del espíritu afable y apacible del cual Pedro habló en el capítulo 3 de su primera epístola.

3. Hemos estado casados por tres años y nunca hemos estado en desacuerdo. Eso es exactamente lo que yo quería, hasta que un estimado y respetable ministro me dijo que "la pareja que nunca haya discutido" no tiene un matrimonio sano.

Creo que la persona que te dijo que no puedes tener un buen matrimonio sin que no haya discusión, lo que realmente estaba diciendo era ¡que él y su esposa pelean bastante! Estoy en total desacuerdo con eso, y te puedo decir que mi esposa y yo somos la prueba viva que amarnos es mucho más divertido que pelearnos.

¿Me permites que te comparta la dolorosa manera en que aprendimos todo esto? Darlene y yo crecimos en familias completamente diferentes. Yo provengo de una familia de extrovertidos, quienes expresan lo que están pensando – no necesariamente que seamos hostiles o discutidores, pero somos expresivos y hablamos las cosas.

Sin embargo, Darlene creció en una familia en donde la comunicación no verbal era una forma de arte. Si en las Olimpiadas hubiesen repartido medallas de oro por la comunicación no verbal, seguro que su madre hubiese sido una de las competidoras. Su madre era una mujer bajita, de aproximadamente 1.50 de estatura y que no pesaba más de 85 libras. Siempre bromeábamos diciéndole que teníamos que ponerle piedras en los bolsillos para que el viento no se la llevara, pero no olvidarán que la dinamita viene en paquetes pequeños (así como el perfume bueno viene en recipientes pequeños y los diamantes, también en estuches pequeños).

Cuando su madre quería algo, ella simplemente se sonaba la nariz y el padre de Darlene (quien medía más de 1.90 y pesaba más de 200 libras) sabía exactamente lo que ella quería (ella no tenía que decirlo), y por lo general él accedía. En el caso de Darlene, ella esperaba que yo leyese las señales como lo hacía su papá, y yo no me daba cuenta – no tenía ni siquiera la más mínima noción. Cuando Darlene hacía sonidos con su nariz, ¡yo siempre le daba mi pañuelo!

Nos conocimos en la universidad, nos enamoramos, y en un período de tres años estaba convencido de que ella era el regalo especial de Dios para mí. Ella no fue solamente la única muchacha con quien salí dos veces, sino la única que había sostenido en mis brazos y la única que había besado.

Después que me gradué de la universidad, pasé el verano trabajando en el negocio de mi familia. Cuando una tormenta de granizo dañó el techo del negocio de mi padre, mi hermano y yo decidimos cobrar el dinero del seguro y hacer la reparación nosotros mismos. Mi parte del dinero era exactamente lo que necesitaba para comprar un anillo de compromiso, y con él proponerle matrimonio.

Al ir hasta la joyería Corey, escogí lo que pensé le gustaría. Conduje entonces hasta California, en donde ella y su familia pasaban sus vacaciones, y decidí que ese era el momento.

Después de una maravillosa cena, teniendo el anillo en mi bolsillo, fuimos en el carro hasta un lugar que daba hacia el Océano Pacífico y tenía un paisaje hermosísimo. Estando allí tartamudeé las palabras que cientos de veces había memorizado y ensayado, y con las que le estaba diciendo cuánto la amaba, que de hecho pensaba que ella era la mujer que Dios había escogido para ser mi compañera de toda la vida.

Pero, cuando me le propuse, ella comenzó a llorar. Yo no lo entendía. Eso no era lo que yo esperaba, y ella, con mucho dolor, me dijo que no. (Tengo que decirte que por más de 25 años toda esta experiencia fue tan dolorosa para mí que no podía hablar de ella).

Aquella noche fui a mi cuarto, tomé mi Biblia y leí en Hebreos 12 acerca de cómo Dios disciplina a quienes ama (y yo me sentía como un tronco listo para hacerlo leña). No supe hasta el otro día que ella había tomado su Biblia y leído las mismas palabras en Proverbios 3 (el pasaje en Hebreos es una cita de Proverbios 3).

Todo lo que le pude escuchar decir era que no estaba segura. Y yo pensé: "¿Que no estaba segura? Por dos años nos habíamos dicho cuanto nos amábamos, no estaba segura, ¿de qué?"

Rompimos y nos dejamos de ver. Más adelante, mi hermana, que era cinco años mayor que yo, murió de Lupus. Darlene la había conocido, y cuando regresé del funeral, nos vimos y le conté lo que había sucedido.

Fue entonces cuando me tocó a mí llorar. Mis lágrimas corrían. Y aunque pueda parecer extraño, fue aquella experiencia la que cambió nuestra relación. Por primera vez, ella pudo ver realmente lo que había en mi corazón. Ella pudo ver que yo sí tenía emociones y que podía ser vulnerable.

Comenzamos a vernos de nuevo y, después de varias semanas, le propuse matrimonio; esta vez sus ojos irradiaban el brillo que yo esperaba. Unos meses después nos encontrábamos camino al altar.

Ella aprendió que me podía decir cualquier cosa o expresar lo que sentía (de la manera que no estaba acostumbrada con su familia) sin correr el riesgo de ser rechazada por mí; y yo también aprendí a captar algunas de sus señales no verbales que nunca antes había notado, y de esa manera aprendimos a comunicarnos.

Un detalle de interés es que, después de haber sido rechazado cuando le propuse matrimonio por primera vez, un poco vacilante llevé el anillo de regreso a la joyería y pedí que me reembolsaran el dinero. Tomé el diamante y lo puse en una lata vacía donde venía café, y lo guardé en el sótano de la casa de mis padres, pensando que quizás el diamante estaría al alcance para un momento futuro. Cuando finalmente ella me dijo que sí, fui a que me hicieran nuevamente el anillo, y se lo coloqué a Darlene en el cuarto dedo, donde ha permanecido desde 1959. ¿Qué te parece?

Bien, ¿y ahora eso qué tiene que ver con la importancia de pelearse si tú quieres que tu matrimonio sea bueno?

No se nace con habilidades comunicativas; éstas se aprenden con el tiempo, y mientras más te tardes en aprender a comunicarte, más difícil se te hace.

Cuando ambos están consagrados al matrimonio, se aprende que conversando, aún teniendo diferencias (inclusive habilidades para resolver problemas) es un factor importante para la resolución de conflictos.

¿Que si siempre estamos de acuerdo? ¡No! (Siempre nos otorgamos el uno al otro, ¡el derecho de estar equivocados!) Pero no peleamos ni discutimos. Oramos, hablamos; y ambos nos damos cuenta que lo que queremos hacer es la voluntad de Dios para nuestras vidas, no simplemente lo que quiera uno de nosotros.

Descubrimos que es muchísimo más saludable comunicarse, orar y caminar juntos de la mano por la vida, que mantener un registro de quién ganó mas discusiones.

¿Puede una relación sobrevivir por mucho tiempo cuando no hay respeto entre los cónyuges? Es muy probable que no, porque las vejaciones tienden a incrementarse y se hacen más devastadoras y crueles, haciendo que el amor se marchite y muera. Nunca te deleites en herir a quien realmente amas; eso va en tu contra, destruye lo que trataste de construir, y es algo que está mal. Dios ve esto como pecado. Además, tomar placer en causar dolor y herir a la persona que escogiste para compartir tu vida y tu corazón, ¡es una barbaridad!

4. ¿Es cierto lo de la crisis de los 7 años en el matrimonio?

Puede haber crisis en casi cualquiera de las fases del matrimonio; sin embargo, hay tres estaciones de la vida cuando el matrimonio se encuentra bajo presiones específicas.

Durante los tres primeros años de casados. Es ahí cuando de verdad se llegan a conocer mutuamente. Es ahí cuando comienzas a darte cuenta de que esa es la persona con la que vas a despertar a tu lado a la mañana siguiente. También es el tiempo de hacer los ajustes cuando descubrimos cosas que no conocíamos. Ustedes son dos personas que luchan por ser una, que pelean por su individualidad e independencia.

Hace algunos años, mi esposa y yo nos detuvimos en un lugar donde confluían dos ríos y observábamos la turbulencia de las aguas. Según podíamos observar, el agua estaba turbia y revuelta, pero más adelante, hacia el valle, las aguas fluían más claras y quietas. "Ah" – me dije a mí mismo – "así es cuando uno se casa; hace falta tiempo para que el agua corra tranquila".

Cuando tienes de siete a diez años de casado, el matrimonio a menudo se siente tenso. Para ese entonces se tienen hijos, se han adquirido un número de bienes y se comienzan a preguntar: "¿No hay nada más aparte de esto?". Es ahí donde algunos comienzan a descarriarse, pero el hecho que el aburrimiento haya llegado, eso no es justificación para extraviarse, sino más bien debe ser un motor impulsor que sirva para rediseñar lo que produzca entusiasmo en la relación y para rededicarse mutuamente.

A veces es necesario que recuerden que no es el trabajo ni los niños los que deben ser el # 1 en la vida y pensamiento de ambos, sino ustedes mismos. Esos años intermedios pueden ser llegar a ser muy buenos en verdad. Por lo general ambos se encuentran aptos para luchar en la vida y tienen la energía para disfrutar de diferentes actividades, y es muy probable que tengan hijos que le deleiten el corazón. ¡Disfruten! La vida cambia demasiado rápido.

La crisis de los 40 a menudo cobra su cuota más o menos entre los 45 y los 50 años de edad. Aunque a veces se cree que es "la menopausia del varón", ambos, tanto el hombre y la mujer, son afectados. Los hombres a menudo sufren del mal de la BBC (Barriga, Bifocales y Calvicie). Y en las mujeres sucede que la mayoría, al probarse prendas de ropa que habían comprado hace tiempo, están seguras de que alguien las lavó con agua demasiado caliente porque se han encogido, y la realidad es que el vestido no le sirve; ¡le queda chiquito!

Algunos o algunas piensan neciamente que tienen que demostrar que todavía tienen lo que hace falta para atraer a los miembros del sexo opuesto, y sus necias aventuras traen como resultado corazones y matrimonios rotos.

¿Existe tal cosa como la crisis de los cuarenta la cual es el resultado de cambios hormonales que son inevitables? ¡No! ¡Redondamente no! ¡Negativo! Descarriarse cuando se ha estado casado por más o menos 25 años, es a veces el resultado de un nido vacío, de desarrollar vidas y amigos diferentes, de tener intereses separados, pero no se le puede echar toda la culpa a los cambios físicos y hormonales.

5. ¿Qué puede usted decir de los matrimonios arreglados?

Si yo hubiese respondido esa pregunta cuando me mudé a las Filipinas en 1974, me hubiese reído de la idea de los "matrimonios arreglados", porque te hubiese respondido que lo que yo pensaba era que, a menos que las parejas se enamoraran, hicieran un compromiso y se casaran, no había esperanza para el futuro.

Sin embargo, a través de los años he trabajado con una variedad de parejas que tienen familias maravillosas, se aman y sostienen relaciones cariñosas entre ellos, y sí, son el resultado de un matrimonio arreglado por sus padres.

No, no fueron los casos en los que los padres "compraron" una esposa para el hijo (como se hace todavía en Papúa

Nueva Guinea o en algunas partes del mundo), pero sí fueron arreglados en el sentido que los padres se conocían entre ellos, y que el joven o la joven, quizás habiendo crecido en la misma iglesia o ciudad, accedieron a los deseos de sus padres y se casaron. (A propósito, en Papúa Nueva Guinea, el precio de una muchacha es de 15 a 20 puercos. Mujeres, ¿verdad que esto las hace sentir valiosas...?)

¿Estaban enamorados en ese tiempo? No. Pero, ¿nació el amor más adelante? Ciertamente que sí. Le hemos dado demasiado énfasis al encaprichamiento romántico, a la belleza externa, o a cuán macho alguien pueda ser (o el tipo de auto que conduce), que al carácter de la persona o la estabilidad de la familia. El amor, como lo veo yo, es una entrega incondicional hacia una persona imperfecta para satisfacer las necesidades de esa persona, de tal manera que requiere sacrificios. No es un calor extraño, o una emoción que te hace querer poner tus manos sobre la otra persona. Esto incluye un profundo respeto por la otra persona, la disposición de comunicarse, de comprometer sus futuros y de esforzarse en llegar a ser el tipo de cónyuge que el otro pueda amar genuinamente.

Enamorarse no es algo que pueda suceder de repente. Más allá del "alto voltaje" inicial del éctasis del amor, manera en que lo pensamos en el presente, viene la rutina de la vida y las alegrías de crecer juntos.

No es mi deseo lanzar una campaña en favor de los matrimonios arreglados; sin embargo, estoy convencido de que necesitamos mirar más allá de lo exterior, hacia el carácter y la integridad de la persona, su estabilidad emocional, su entrega al Señor y a la familia, y dejar que el amor encuentre el camino hacia nuestros corazones.

Te guste o no, cuando te casas, no solamente te casas con una persona, sino también con una familia. Aunque esto no se diga en ninguna de las partes tradicionales de la ceremonia, queda implicado que "te desposo para que seas mi esposa (o esposo) juntamente con tu padre y tu madre, tus hermanos, tus tíos y tus abuelos también". Esa es la realidad cuando te casas.

6. ¿Cómo tratar las diferencias culturales entre marido y mujer?

¿Cómo tratar con estas diferencias? De manera cuidadosa, considerada y, si se puede, antes de que te cases. Cuando dos individuos que han crecido en culturas diferentes se conocen en un lugar neutral, y éstos dejan que sus emociones arrebaten sus corazones, puede que se estén metiendo en dificultades que acechan debajo de la superficie, al igual que un iceberg, cuya masa se encuentra un 85 % sumergida debajo de la superficie del agua.

"¡Pero… si nos queremos!" Sí, lo entiendo, pero necesitan entender que los hombres y las mujeres que se profesan amor mutuo, a menudo no llegan a entender que los cónyuges de otras culturas tratan a su sexo opuesto de manera diferente.

La moderna nación de Liberia fue fundada por esclavos negros africanos que habían venido a los Estados Unidos y fueron devueltos a Liberia por el Presidente James Madison, quien les ayudó a establecerse en el país. Ahora, después de dos siglos, jóvenes de Liberia viajan los Estados Unidos para su educación, conocen a una muchacha afroamericana y se casan con ellas. Supe, en una visita que realicé a ese país, que el noventa por ciento de esos matrimonios fracasa. ¿Por qué? Debido a sus diferencias culturales.

Debido a que ambos tienen el mismo trasfondo (genético), se pensaría que el matrimonio de ellos funcionaría, pero no sucede así porque a menudo los hombres liberianos tratan a sus mujeres de manera diferente a los estadounidenses (la infidelidad es una práctica comúnmente aceptada entre los hombres); además de esto, las mujeres liberianas rechazan a las mujeres afroamericanas que se casan con liberianos tildándolas de "extranjeras".Aunque la Biblia no condena los matrimonios interculturales, casi nunca es una buena idea a causa de los desafíos y las dificultades culturales que enfrentan ambas personas.

Conozco a algunos matrimonios en los que ambos son de diferentes culturas y a quienes les ha ido bien, pero nunca he conocido a ninguno que no haya tenido sus desafíos. Por lo general, el matrimonio presenta suficientes dificultades, sin tener en cuenta los elementos culturales que se le pueden añadir.

¿Cómo te las arreglas ante esas diferencias culturales si tu matrimonio es intercultural? Esfuérzate por entender de dónde proviene tu cónyuge. Trata de respetar las diferencias que existan, y ajústate hasta donde puedas a la cultura del otro, especialmente para los que de ustedes son hombres. No exijas que el otro abandone su cultura (algo que la mayoría de la gente no puede hacer, aun si quisieran).

7. ¿Cómo separamos lo cultural de lo bíblico?

La cultura es amoral en sí misma. Estará bien o mal respecto a lo que Dios ha dicho en Su Palabra; sin embargo, la Biblia no solamente trasciende todas las culturas (Dios dio su Palabra para las familias de todas partes), sino que, en muchos casos, va en contra de la cultura, lo que quiere decir que todas las culturas contienen elementos y prácticas que se oponen a lo que Dios espera de nosotros.

Quizás hayas leído, en el libro de Levítico, cómo Dios condenó ciertas prácticas en las que era común que los cananeos se involucraran (sacrificio de niños, sexo con animales, relaciones sexuales con miembros directos de la familia, etc.). ¿Por qué? Aunque esto era parte de su cultura, Dios no quería que Sus hijos practicaran ese tipo de cosas que eran abominación para Él.

Cuando Abraham y su sobrino Lot agotaron las tierras de pasto con sus respectivos rebaños de ovejas, Abraham le dijo: "Lot, decide tú. Toma tus rebaños y vete por un camino, que yo me iré por el otro". Lot se dirigió hacia Sodoma, en donde el cálido clima produce unos pastos bien verdes, pero también escogió vivir en una ciudad cuyo nombre se ha convertido en sinónimo de homosexualidad. Todo eso le costó un altísimo precio.

Nos encontramos rodeados por una cultura post-cristiana que acepta muchas las cosas que desagradan a Dios, tales como tener más de una esposa, o que los jóvenes "'vivan' la vida porque ¡son jóvenes!". El asunto es bien sencillo: ¿Dios ha dicho que algo está mal? Si es así, en ese punto el mandato bíblico tiene que tener prioridad por encima del razonamiento: "Pero bueno, todo el mundo lo está haciendo; así que no debe estar mal", lo cual es algo cultural.

8. Mi esposo es definitivamente un adicto al trabajo. ¿Qué debo hacer para poder tener un tiempo de calidad con él que sea significativo?

Cierto hombre al que le habían crecido malas hierbas, conocidas como Diente de león, trató de eliminarlas fumigándolas, arrancándolas, sacándolas con palas, pero sencillamente no podía deshacerse de ellas.

Finalmente, escribió a una agencia del gobierno y le preguntó qué podía hacer. "Lo he intentado todo" – les dijo – "y todavía siguen saliendo". La respuesta que le llegó decía así:: "Si lo ha intentado todo y todavía salen, es mejor que aprenda a quererlas".

Me sospecho que has intentado casi todo lo que conoces (tanto la técnica de la zanahoria como la del palo), para hacer que tu esposo salga de su trabajo y pase "tiempo de calidad" contigo, y no te ha funcionado.

Mejor aprende a amarlo tal y como es.

La personalidad básica de una persona prácticamente no puede cambiarse. Es por eso que luchar por cambiar a alguien después que se está casado, resulta muchas veces difícil, para no decir totalmente imposible. Serle insistente o quejarte por la cantidad de tiempo que pasa en su trabajo, puede traer como resultado que esté contigo físicamente, pero en su mente es como si hubiese salido a almorzar mientras trabaja (algo que hace de él un compañero mucho menos encantador o ameno, y menos conversador). La gente se convierte en adicta al trabajo por una serie de razones.

- Algunos sienten un impulso psicológico de que tienen que estar ocupados.
- Algunos (en los que me incluyo) realmente disfrutan lo que hacen. Su trabajo los hace sentir realizados y le resulta placentero. Thomas Alva Edison, el hombre que inventó la luz eléctrica, era así. El día en que se casó, se esfumó; y su esposa, después de algunas horas, lo encontró feliz en su mesa de trabajo, mientras hacía ajustes a un experimento.
- Algunos caen en el hábito a causa de que su esposa no está conforme con la entrada de dinero que tienen y mantiene a su esposo bajo presión, para que satisfaga sus exigencias de tener más.

Ahora bien, déjenme compartir algunas palabras con ustedes los adictos al trabajo o los que casi lo son. Tu trabajo no es más importante que tu esposa, tus hijos y tu familia. Así que, ¿de qué te sirve que llegues a ser el presidente de tu compañía o te suban de puesto en tu trabajo si al final pierdes a tu esposa y a tu familia en el proceso?

Tus prioridades están completamente desajustadas. Detente y pregúntate: ¿qué es lo que realmente vale? Un hombre muy exitoso me dijo en cierta ocasión: "He llegado a la cima, ¡pero ahora no tengo con quién compartir el éxito!"

No hay nada de malo con amar lo que uno hace, pero te aconsejo que hagas el compromiso que yo me hice hace tiempo: que nunca dejaría que mi trabajo llegara a consumir mi vida al punto de perder el contacto con mi familia o de dejarlos a un lado por mi lucha de llegar a la cima.

Un hombre de negocios que tenía mucho éxito, perdió a su esposa a causa de un cáncer. Él tuvo la triste responsabilidad de llevarle a la morgue la ropa que le pondrían a su esposa para el velorio. Él le trajo un encantador negligé y una bata—todo nuevo y todavía envuelto con el papel de una tienda muy cara. Con tristeza explicaba: "Lo compré para ella hace ya dos años, y lo estábamos dejando para un tiempo especial, pero nunca tuvimos el tiempo para ello; creo que era éste el momento". ¡Qué triste!

¡No te casaste con tu trabajo! ¡Te casaste con tu princesa! "Alégrate con la mujer de tu juventud" – es el consejo de Proverbios 5:18. No debería ser tan difícil.

Algo para terminar este tema. Nunca he estado en presencia de alguien que esté dando su último aliento y que haya dicho: "Ojalá hubiese pasado más tiempo en el trabajo" – pero sí he escuchado a unos cuantos que dijeron con lágrimas y pesar: "Ojalá hubiese pasado más tiempo con mi esposa y mis hijos".

Al igual que un niño que tan solo tiene unas pocas monedas para gastar en la dulcería, así pasan los días de rápido; y una vez que hayan quedado en el olvido del ayer, no los puedes revivir ni recuperar; así que has lo mejor que puedas de cada día y empieza con el de hoy.